나는
예술가로
살기로
했다

창작하는 사람들을 위한 고민 해결 프로젝트

나는 예술가로 살기로 했다

에릭 메이젤 지음 | 안종설 옮김

심플라이프

서문

예술가들의 진짜 고민, 그리고 작은 기적

나는 30년이 넘는 세월 동안 다양한 분야의 예술가들을 코치해왔다. 그 중에는 유명한 사람도 있었고 무명인 사람도 있었으며 갓 첫발을 내디딘 초년병과 80대에 접어든 베테랑, 전업 작가, 낮에는 변호사로, 공무원으로, 의료인으로 혹은 대장간 주인으로 일하는 이들도 있었다. 나라별로도 미국과 캐나다, 영국과 독일, 이란, 호주, 일본, 남아프리카 공화국 등 전 세계에 걸쳐 있다. 전화로, 인터넷 영상 대화로, 전자우편으로 이들이 마주치는 문제들에 대해 의견을 나누었는데 그 주제는 생계 문제, 반발심과 장애물, 실존적 슬픔, 생산성, 마케팅, 홍보, 고질적인 산만함 등으로 다양하다.

그 속에서 내 실질적인 역할은 무엇일까? 그들은 어떤 고민을 토로하고, 나는 거기에 어떻게 대응하며, 그렇게 해서 어떤 결과가 도출될까? 지금까지 나는 창의성 코칭에 대한 책을 여러 권 집필했지만, 그 과정을 있는 그대로 보여준 적은 없다. 그렇다 보니 실제 사례를 독자들과 공유할 방법이 없을까 하는 생각이 들기 시작했다. 그러던 어느 날, 전혀 가공하지 않은 경험을 보여줄 방법이 문득 떠올랐다. 내가 코칭의 매개를 전자우편으로 한정하고, 상대방에게 우리 사이에 오간 대화 내용을 그대로 공개해도 되겠느냐고 미리 양해를 구한다면, 독자들은 예술계 종사자들이 무엇 때문에 얼마나 고민하고 있는지 알 수 있고, 코칭이 어떤 과정을 통해 이루어지는지를 직접 눈앞에서 지켜보듯 생생하게 목격할 수 있을 것이다.

나는 내 뉴스레터를 구독하는 예술계 종사자들에게 이 과정에 동참하겠느냐는 제안을 보냈다. 금세 수백 통의 답장이 날아들었다. 오래전부터 나하고 같이 작업하기를 고대했지만 비용 때문에 선뜻 나서지 못했던 이들은 이 프로젝트가 무료로 진행된다는 사실에 반색했다. 하나같이 해결하고 싶은 진지한 고민을 안고 있는 이들이있다. 그저 심심풀이로, 혹은 실험 대상이 되기 위해 나선 사람은 아무도 없었다. 모두 간절히 고민을 해결하고 싶어 하고, 또 코칭을 원하는 이들이었다.

일단 신청자 모두에게 똑같은 기본 전제를 출발점으로 삼았다. 각자의 과거, 현재 고민, 그리고 앞으로 2개월 후에 이루고 싶은 목표, 이렇게 세 가지를 설명해달라고 요청한 것이다. 답신이 도착하면 나는 그들의 상황을 더 확실하게 이해하기 위해 한두 가지 추가 질문을 던졌다. 두 번째로 답신이 오면 그들이 앞으로 2주 동안 작업하고자 하는 내용에 대한 내 견해를 들려준 뒤, 본인 스스로의 결론을 얘기해달라고 요청했으며, 2주 후에 실제로 어떤 결과가 나왔는지 알려달라고 했다. 2주 후에 결과가 나오면, 다시 앞으로 3주 동안 작업할 내용을 상의한다.

이런 식으로 고민 상담과 코칭 과정이 구축됐다.

곧바로 나는 재미있는 사실을 알게 되었다. 이 프로젝트를 절호의 기회라고 생각했던 사람들 상당수가 중도에 포기해버리고 만다는 사실이었다. 시작하자마자 손을 드는 사람도 있었고, 처음 2주 동안 나름대로 노력해보고는 아무 말도 없이, 혹은 그 2주 동안 아무 성과도 거두지 못했다며 그만두는 사람들도 있었다. 그 가운데 한 사람의 표현을 그대로 옮기면 다음과 같다. "결혼 생활이 삐걱거릴 뿐 아니라 태풍 피해 때문에 생활이 엉망입니다. 한 줄도 쓰지 못했어요. 아무래도 안 될 것 같습니다. 하지만 선생님의 발상은 정말 좋았어요."

시작한 지 얼마 안 되어 참여 인원이 절반으로 줄었다. 이것은 창의적인 삶을 배우고자 하는 학생은 물론 창의성을 가르치는 코치들에게도 상당히 중요한 시사점을 던져준다. 경험 많은 코치에게서, 그것도 공짜로 창의성을 배울 기회가 주어졌는데도 상황이 여의치 않아서, 혹은 패배감에 사로잡혀서, 혹은 구상 중인 프로젝트가 너무 어려워서, 그 밖의 수많은 이유 때문에 중도에 포기하는 이들이 이렇게 많다.

이 책에는 예술계 종사자(혹은 지망생)들 스물다섯 명과 나눈 첫 2주 동안의 코칭 과정을 담았다. 사실 2주라는 기간은 많은 일들이 벌어지기에는 그리 충분하지 않은 시간으로 느껴지기도 한다. 그러나 사실은 그렇지 않다. 2주 사이에 아주 많은 일들이 일어날 수 있고, 심지어 그 시간 동안 인생이 바뀌기도 한다. 이 책을 읽어보면 2주는 교두보를 마련하거나, 산을 오르거나, 창의적인 삶을 새로운 반석 위에 올려놓기에 부족함이 없는 시간임을 알 수 있을 것이다.

그 결과는 어떨까? 그것도 알 수 있다. 어떤 경우에는 그야말로 기적이라 할 만큼 극적인 결과가 나오기도 한다. 더러는 성과가 뭔지 아리송한 경우도 있다. 만약 이 책이 소설이라면 좀 더 짜릿한 결과나 확실한 돌파구, 매력적인 고객, 화려한 서막, 눈부신 성공 같은, 한마디로 근사한 읽을거리를 제시할 수도 있을 것이다. 하지만 이 책은 허구가 아닌 현실이다. 해피엔딩으로 이끌지 못해 관객들에게 미안한 마음을 가지는 영화 제작자와 마찬가지로, 현실을 있는 그대로 보여주는 것에 대해 사과해야 하는 것은 재미있는 일이 아닐 수 없다. 아무튼 이것이 험난한 예술가의 길인지도 모른다.

어쩌면 독자들은 이 책에서 고객의 글이 큰 비중을 차지하는 반면 내 말은 조금밖에 되지 않는 것을 흥미롭게 느낄 것이다. 이 책의 90퍼센트는 고객의 글로 채워진다. 거기에 대한 나의 답변은 간단하게 핵심만 언급한다. 나는 최대한 길게 답변을 써야 상대방이 만족하는 것이 아니란 것과, 목표를 설정하고 첫발을 뗄 때까지 무한정 기다려주는 것이 그리 큰 도움이 되지 않는다는 사실을 오랜 경험을 통해 터득했다. 코칭은 세라피therapy가 아니며, 나는 과거를 조사하는 사람이 아니다. 일반적으로 내가 고객에게 하는 이야기는 딱 두 가지다. "당신이 제시한 그림에 비춰볼 때, 당신이 하고자 하는 일은 무엇입니까?" 그리고 "당신이 제시한 그림에 비춰볼 때, 시도해볼 가치가 있는 일은 이것이라고 생각합니다." 이 두 가지 말을 하는 데에는 그리 많은 단어가 필요하지 않다.

이 예술인들이 얼마나 고생하고 있는지를 살펴보면 가장 많은 정보를 얻을 수 있을 것이다. 쉽게 살아가는 사람은 없다. 많은 이들이 만성적인 건강 문제 때문에, 인간관계 때문에, 지나치게 많은 업무량 때문에, 극심한 경제적 불안 때문에 고민한다. 후회, 분노, 실망 따위는 기본이고, 가정 문제를 비롯해 어떻게 인생을 꾸려가야 할지에 대한 불확실성 때문에 힘든 하루하루를 살아가는 사람들도 많다. 당장 작품을 팔지 못하면 길거리에 나앉아야 하는 사람들도 있다. 그 모든 어려움을 뚫고 창작의 성과를 이루어야 한다. 이것은 그들이 처한 수많은 난관 가운데 하나에 지나지 않는다. 이 책을 읽는 독자 여러분 중에는 예술가의 삶에 대한 장밋빛 환상을 포기할 이들도 있지 않을까 싶다.

이 책에 실린 사람들의 이름은 가명이지만, 그 밖의 모든 것은 가공하지 않은 실제 상황이다. 예술계 종사자들이 마주한 도전의 실체를, 그들이 어떤 장애물에 직면해 있고 어떻게 하면 그 장애물을 극복할 수 있는지를, 그리고 가장 중요하게는 어떻게 해야 비교적 짧은 시간 안에 의미 있는 변화를 이끌어낼 수 있는지를 여러분이 알게 될 거라 믿는다. 이런 변화는 인간이 자기 손으로 만들어낼 수 있는 조그만 기적에 다름 아니다.

차례

1

밥벌이가 되지 않는 글쓰기, 포기해야 할까

작가·심리학자

내 고객들은 전 세계에 퍼져 있지만
그들의 고민은 놀랄 만큼 유사하다.
작가라면 누구나, 어디에 살든
비슷한 고민을 안고 있다.

: 글만 써서는 먹고살기 어려운 현실 :

나는 폴란드의 심리학자이자 인생 코치 겸 작가입니다. 오래전, 연필을 들 힘이 생겼을 때부터 짧은 이야기들을 쓰기 시작했습니다. 아마 그전부터도 마음속으로는 끊임없이 이야기를 만들어내는 연습을 하지 않았을까 싶습니다. 학창 시절에는 글짓기 대회에서 상도 여러 번 탔고, 대학에서 심리학을 공부하는 한편으로 2005년에는 그동안 써두었던 단편소설들을 묶어 책을 내기도 했습니다. 안타깝게도 그 출판사가 망하는 바람에 그 출판사에서는 다른 작품을 출간할 기회가 없었지요.

2011년에는 청소년 소설을 한 권 썼습니다. 그 책이 출간되자 말할 수 없이 기뻤습니다.(비록 그 출판사 역시 얼마 안 가 망해버리기는 했지만.)

그 직후인 2012년에 (또 다른 출판사에서) 출간한 소설은 베스트셀러가 되었습니다. 지금은 그 뒤에 쓴 새 작품을 출간하려고 준비 중입니다.

소설 쓰는 틈틈이 전업 심리학자 겸 경찰관으로 일했으며, 박사 학위를 취득해 학교에서 영어를 가르치기도 했고, 그 밖에도 순전히 돈을 벌기 위해 여러 가지 일을 했습니다. 아이가 태어난 뒤에는 아이가 유치원에 입학할 때까지 집에서 엄마 노릇도 해야 했지요. 감당하기 벅찬 하루하루가 이어졌고, 그래서 이제 취직보다는 내 사업을 벌이는 게 낫겠다는 생각에 금년 6월에는 심리 상담 및 코칭 센터를 차렸습니다. 지금은 이 코칭 센터를 운영하는 데 대부분의 시간을 투자하고 있지만, 아직 수입은 신통치 않은 상태입니다.

이 대목에서 폴란드 출판계의 현실을 말씀드리는 게 좋을 듯합니다. 이 나라에는 책을 써서 생계를 이어갈 수 있는 작가는 몇 명 되지 않습니다. 그나마 그들의 작품이 외국에서 번역 출간되는 덕분에 가능한 일이지요. 그 몇몇을 제외하면 나머지 모든 작가들은 먹고살기 위해 다른 일을 하지 않으면 안 됩니다.(글을 쓴다는 것이 아주 값비싼 취미처럼 느껴질 정도입니다.) 내가 쓴 책들이 성공을 거두어 제법 많은 판매 부수를 기록했는데도, 그것만으로 생계를 유지하기에는 턱없이 부족합니다. 그러니 지금 나는 사업체를 꾸려나가는 일과 소설을 쓰는 일 사이에서 끊임없이 갈등해야 합니다.

: 우선순위가 필요해요 :

나의 가장 큰 고민은 어떻게 해야 일 분 일 초가 아까운 일상 속에서 글을 쓸 시간과 에너지, 그리고 자신을 돌볼 여유를 되찾을 수 있을까 하는 문제입니다. 말하자면 일과 글쓰기, 그리고 가정생활 사이의 균형을 맞추어야 한다는 점이지요. 아무리 글을 써도 밥벌이가 되지는 않았던 터라 글쓰기를 아예 포기해버리고 싶은 생각이 들 때가 많아요. 글을 쓰면 성취감은 크지만 그것과 현실 생활은 전혀 별개라는 좌절감이 들어서, 차라리 나의 창의적인 에너지를 지금 하고 있는 일에 집중하는 게 낫지 않을까 하는 생각입니다.(그러다 보면 언젠가는 경제적인 고민에서 벗어날 수 있을 테니까요.)

지난 두 달 동안 나는 무엇이 나에게 가장 중요한지를 결정하기 위해 노력했습니다. 어떤 길을 선택하는 것이 최선인지 알고 싶었죠. 그 결정을 내리고 나면 마음이 아주 홀가분해질 것 같습니다. 적어도 더 이상 갈등에 시달리지 않아도 되고, 잘 하면 드디어 나 자신을 되찾았다는 자부심까지 느낄 수 있을 테니까요.

—— **어슐러**

- 당신은 폴란드 작가들이 처한 현실, 나아가 글을 써서 많은 돈을 벌기가 (아주 불가능하지는 않더라도) 상당히 어렵다는 사실을 잘 알고 있으니, 다음과 같은 조건 속에서도 계속 글을 쓰고 싶을지 한번 생각해보기 바랍니다. 글을 쓰는 과정 자체가 즐겁

고, 다른 모든 것을 내팽개치지 않고도 글을 쓸 시간을 낼 수 있으며, 작품이 어느 정도 성공을 거두어 일정한 수의 독자들에게 읽힌다, 만약 그렇다면 당신은 계속 글을 쓰게 될까요?

그 정도면 (주로 경제적인 문제와 결부된) 좌절감을 떨쳐내고 글쓰기를 계속하기로 결심할 수 있을까요? 진지하게 생각해보시길 권합니다.

선생님의 질문에 답을 하면서 조금 울었습니다. 나 자신에 대한 새삼스러운 깨달음 때문에 울컥했던 모양입니다. 솔직히 글쓰기에 대해서, 그리고 나에 대해서 이토록 의미심장한 질문을 던져본 적이 한 번도 없었던 것 같아요. 한마디로, 나는 '어떤 대가를 치르는 한이 있더라도' 계속 글을 쓸 거라는 사실을 깨달았습니다. 글쓰기야말로 내 존재의 핵심임을 깨달았어요. 글쓰기는 내 창의성의, 나아가 내가 이 세상에 존재하는 이유의 가장 핵심적인 부분입니다.

나는 내가 몸담은 여러 분야에서 창의성을 발휘합니다. 심리학 워크숍이나 내 회사를 운영할 때도 그렇고, 아이를 키울 때도 마찬가지지요. 하지만 이런 것들이 창의적으로 글 쓰는 즐거움을 대신해주지는 못합니다. 설령 작품을 출간해 많은 돈을 벌지는 못한다 할지라도, 글을 쓰지 않고는 살아갈 수 없다는 것을 깨달았습니다.

에릭, 나에게 이런 깨달음을 주어 얼마나 고마운지 모릅니다. 글쓰기가 나의 힘이요, 나의 하루하루를 전진하게끔 하는 원동력이라는 사실이 너무 행복하고, 정신적으로 부자가 된 느낌입니다. 지금처럼 새 사업을 시작한 탓에 글 쓸 시간을 전혀 낼 수 없는 상황이라 해도, 머릿속으로는 끊임없이 작품을 구상합니다. 운전을 할 때, 양치질을 할 때, 저녁 식사를 준비할 때, 수영을 할 때, 잠시도 작품 구상이 머리를 떠나지 않고, 심지어 잠을 잘 때도 내 눈꺼풀 속에서는 엄청난 이야기들이 흘러갑니다. 그러니 나는 어쩔 수 없는 글쟁이인 모양입니다.

여기까지 쓰다 보니 또 마음이 울컥합니다. 아주 아름다운 일이 일어나고 있어요. 지금은 잠깐 이 느낌에 푹 빠져봐야 할 것 같습니다.

- 아주 좋아요! 그럼 이제 매일, 정기적으로 글을 쓰는 과정을 시작해봅시다. 너무 바쁘고 해야 할 일이 많다는 것은 알지만, 매일 아침에 눈을 뜨면 '진짜 하루'가 시작되기 전에 제일 먼저, 단 몇 분만이라도 글을 쓰려고 노력해보세요. 일단은 그것을 목표로 정하는 겁니다. 아시겠지요?

실행 보고서

날마다 쓰는 일의 위력

선생님의 답장을 받고서, 나는 선생님이 나에게 물어보지도 않고 그런 숙제를 내주었다는 사실 때문에 조금 화가 났습니다. 그래서 선생님의 전자우편을 다 읽은 다음 제일 먼저 든 생각은 그렇게 하지 '않겠다'는 것이었지요. 그건 내가 원하는 처방이 아니라고 생각했습니다. 이렇게 할 일이 많은데 매일같이 글을 쓰겠다고 결심하는 것은 그리 좋은 생각처럼 느껴지지 않았으니까요. 아무래도 나는 반항아 기질이 있는 모양입니다.

화가 가라앉고 나니 한번 시도해보는 것도 그리 나쁘지 않겠다는 생각이 들기 시작했어요. 에릭 선생님에게서 코칭을 받는 것은 정말 소중한 기회이니, 일단은 선생님 말대로 글쓰기를 시작해보기로 마음먹었지요.

글을 쓰기 시작했습니다. 첫날 아침은 무척 힘들었어요. 빈 화면을 아무리 쳐다보고 있어도 마음속에 떠오르는 게 하나도 없었습니다. 그래서 이렇게 생각했지요. 나 자신의 내부 검열 따위는 깡그리 무시하고, 일단 뭐든 써보자. 아무 생각도, 계획도 없이 무작정 글을 썼던 어린 시절처럼, 일단 쓰기 시작하자.

그러자 기적이 일어났습니다. 새장에서 풀려난 새처럼, 단어들이 마구 흘러나오기 시작했습니다. 멈출 수가 없었어요. 이러다가 아이 유치원 보낼 시간을 놓치지 않을까 싶어서 알람시계까지 맞춰놓아야 할 정도였습니다. 실로 몇 년 만에 느껴보는 해방감이 아닐 수 없었습니다.

쓰고, 쓰고, 또 썼습니다. 어떤 날은 30분, 어떤 날은 조금 더, 또 어떤 날은 10분밖에 쓰지 못할 때도 있었습니다. 하지만 날이 갈수록 아름다운 이야기가 모습을 드러내기 시작했어요. 아무런 제한도 두지 말고 자유롭게 쓰기로 마음먹었는데, 쓰다 보니 이야기의 주인공이 바로 나 자신이라는 사실을 깨달았습니다. 오래 잊고 지냈던 나, 사랑과 모험을 찾아 헤매는 소녀는 바로 나 자신이었어요.

열흘쯤 지났을 때, 내가 구상하고 있던 비즈니스 프로젝트에 전념해야 할 일이 생겼습니다. 그래서 쓰던 이야기를 중단하고 그 프로젝트에 대한 글을 쓰기 시작했지요. 놀랍게도 너무 쉽게 써지는 거예요! 이 프로젝트를 구상하느라 아주 많은 시간을 투자했는데도 아직 끝내지 못한 참이었습니다. 그런데 이게 어떻게 된 일일까요? 소설을 쓰는 사이에 내 마음의 장벽이 무너진 듯, 불과 이틀 만에 이 프로젝트를 끝낼 수 있었어요. 그래서 다른 프로젝트에 대한 글을 쓰기 시작했는데, 그것 역시 아주 간단하게 끝나버렸습니다.

정확히 내 안에서 어떤 일이 벌어졌는지는 잘 모르겠지만, 떠오르는 글을 무작정 쓰기 시작하고 그것이 좋은 이야기로 연결되다 보니 다른 분야에서도 그동안 잊고 있던 창의력이 되살아난 것 아닌가 싶습니다. 누가 그런 것을 생각이나 했겠습니까? 오늘은 시골로 내려가 하룻밤 묵을 생각입니다. 정말 기분이 좋아요. 무슨 글이든 쓰다 보면 내 속에 잠재된 다른 분야의 창의력까지 살아날 거라고는 상상도 하지 못했습니다. 놀라운 일 아닌가요?

고맙습니다.

- 아, 이런 방식으로도 일상의 기적이 일어날 수 있군요! 계속해서 기적을 만들어봅시다. 3주 후가 정말 기대되는군요.

「

이런 현실에 처한 사람이 비단 어슐러뿐일까? 작가란 이름으로 불리는 세계의 수많은 사람들이 밥벌이와 작품 창작 사이에서 갈등하고 줄타기를 한다. 이른바 베스트셀러 작가가 된 유명 작가들 또한 수년 또는 수십 년 동안 이 문제로 고민해왔을 것이다. 어쩌면 이 문제는 작가라는 사람들의 숙명일지도 모른다. 그렇다고 이 말이 작가란 본디 그런 존재이니 평생 돈에 발목을 잡힌 채 살아가라는 뜻은 아니다. 중요한 건 어슐러의 답변처럼 당장 밥을 굶는 한이 있더라도 이 일을 계속하고 싶은 마음이 있는가 자문해보는 일이다. 만약 그렇다면 적어도 당신에게 글을 쓰는 일은 무척 소중하며 지금 포기하면 안 되는 일이다. 설령 매일매일 고민하고 흔들린다 해도.

」

2

내가 통제할 수 없는 일들에 휘둘린다

화가

우리는 살아가면서 실제로 통제할 수 있는 것이 무엇이고,
단순히 영향만 미칠 수 있는 것은 무엇이며,
나아가 통제력을 발휘하지도, 영향력을 행사하지도 못하는 것이
무엇인지를 잊고 지내는 경우가 너무 많다.
대개의 경우, 이 같은 구분이 존재한다는 점을 명심하면
놀라운 지혜를 발휘할 수 있다.
수집가가 내 작품을 구매할지, 편집자가 내 원고를 선택할지,
청중이 내 연주를 좋아할지 어떨지 우리는 통제할 수 없다.
하지만 모든 종류의 영향력을 행사할 수는 있다.
자신이 그림을 그릴지, 글을 쓸지, 작곡을 할지 말지는 통제할 수 있다.
바로 이것이 우리가 통제할 수 있는 부분이다.

: 부동산이라는 덫 :

나는 13년째 작품 활동을 하고 있는 추상화가입니다. 현재 화랑 다섯 군데와 거래하고 있고, 작품을 팔아 총 수입의 30퍼센트가량을 벌고 있습니다. 나머지 수입은 20년째 해온 그래픽 디자인 사업으로 충당합니다. 내가 원하는 것은, 수입의 100퍼센트가 그림을 통해 발생하고 필요

한 경우 워크숍을 통해 기타 수입이 생기는 구조입니다. 내 그림이 팔려 나가는 가격은 비교적 만족할 만한 수준입니다. 그래서 더 많은 화랑과 거래를 하고 싶은데, 새 화랑을 개척할 시간이 거의 없습니다.

2006년의 부동산 거품이 내 발목을 잡고 있습니다. 원래 가지고 있던 부동산 하나를 처분하기로 마음먹고 내가 정말 좋아하는 곳에 집을 한 채 샀습니다. 하지만 그 부동산(내가 별로 좋아하지 않는 지역에 있는)을 처분하기 전에 그만 거품이 꺼져버리고 말았습니다. 지금은 다른 집은 세를 놓고 내가 좋아하는 집에 살고 있기는 하지만, 마음은 늘 가시방석입니다. 좋아하지 않는 집으로 돌아가면 비용을 크게 줄일 수 있겠지요. 몇 년 안에 빚을 다 갚고 나면 극적인 변화가 일어날 겁니다.

7년 동안 두 가지 일(그림과 그래픽 디자인)에 온 힘을 쏟고 있지만 이제는 한계에 다다른 느낌입니다. 만약 내가 좋아하는 집을 팔면 노후 생활에 필요한 8만 달러가 허공으로 날아가버리겠죠. 이런 사태를 피하기 위해 필사적으로 노력하는 한편으로 부동산 경기가 회복되기를 기다리고 있지만, 도저히 이 지역은 가망이 없어 보입니다. 지금 같아서는 오히려 웃돈을 주고 집을 팔지 않는 것만 해도 다행스러울 지경이에요.

어떻게든 견뎌내야 한다는 압박감 때문에 정신적으로 너무 피곤합니다. 세를 준 집에서 수익이 발생하는 것도 아니어서, 겨우 현상 유지에 급급할 뿐입니다. 두 집 모두 유지비는 계속 들어가고 말이죠. 이런 스트레스가 나의 창의성에 영향을 미치는 것은 말할 필요도 없겠지요. 그림을 그리려면 주로 주말을 이용하거나 아니면 억지로 시간을 내야 합니다. 게다가 내 그림을 사람들에게 알리려면 뉴스레터도 만들어야 하고 화랑에 제안서도 보내야 하고요. 친구들이 큰 보폭으로 성큼성큼 나아가며 예술가의 경력을 쌓아가는 것을 보면 정말 흐뭇합니다. 하지만 다른 한편으로는 그림에 온전히 시간을 쏟아 부을 수 없는 내 처지가 너무 안타까워요. 덫에 걸린 듯한 기분에 화도 나고요. 뇌가 피해의식에 젖어 있는 것은 내가 생각해도 그리 건강해 보이지 않습니다.

: 경제적 안정의 대가로 창의성이 시들어가요 :

또 한 가지 심각한 고민이 있습니다.

나는 지금, 2년 전부터 준비해온 그룹 전시회를 마치고 막 돌아온 참입니다. 아트센터에서 보여준 반응만 보면 이 전시는 아주 성공적이었습니다.(이 아트센터는 프랭컨탈러와 스텔라 같은 화가들의 작품을 전시할 만큼 유명한 곳입니다. 그러니 이런 곳에서 전시를 했다는 사실 자체가 우리에게는 엄청난 영광이지요.) 이번 전시에 참여한 화가 넷은 후원자 100명을 대상으로 작품의 이해를 돕기 위한 좌담회를 개최하기도 했습니다.

큐레이터와 디렉터는 이런 결과에 흥분을 감추지 못했습니다. 우리가 순회 전시를 할 수 있도록 다른 미술관과 연결해주겠다는 후원자들도 있었습니다. 모두 돈을 주고도 살 수 없는 소중한 경험임에 틀림없지요. 그러나 아직 시간이 조금 남기는 했지만 나는 그림을 한 점도 팔지 못했고, 그렇다 보니 지금 같은 상황에서 앞으로도 계속 이 길을 추구할 것인가에 대해 의문이 생기기 시작하네요.

최근 두 달 동안 목표로 삼았던 것은 어떻게든 나의 창의적인 자아와 예술가로서의 열정을 유지하는 것이었습니다. 빠져나갈 수만 있다면 당장이라도 내가 좋아하는 이 집을 떠날 준비가 되어 있습니다. 하지만 안타깝게도 그것은 나 혼자 결정한다고 될 일이 아닙니다. 지금 떠나면 같이 사는 사람도 나하고 똑같은 액수의 돈을 손해 보게 되어 있으니까요. 아무튼 집을 유지하기 위해 들어가는 비용의 대부분을 내가 부담해야 하니, 견디기가 아주 힘든 상황입니다.

나는 평생 동안 경제적으로 자립적인 삶을 이어왔지만, 그 대가로 창의성이 점점 시들어가는 느낌입니다. 물론 경제적인 자립을 포기한다고 해서 나의 핵심 가치가 사라지는 것은 아니겠지만 말입니다. 화가로서의 삶을 잠깐 보류해야 할까요? 창작 활동을 잠시 중단하고 이 집에서 수익이 나올 때까지 기다리며 현상 유지하는 데 전력을 기울여야 할까요? 아니면 나의 창의적인 영혼을 되살리기 위해서라도 미련 없이 돈을 포기하고 보다 균형 잡힌 삶으로 돌아가야 할까요? 이 두 가지 선택 사이를 오가며 고민을 거듭하다 보니 몹시 괴롭습니다.

최소 목표는 나를 올바른 방향으로 인도해줄 결정을 내리는 것이겠지요. 그러기 위해서는 적절한 도구가 필요하다는 느낌입니다. 지금 당장 중요한 것이 경제적인 안정인지, 아니면 창의적이고 균형 잡힌 삶으로 돌아가는 것인지조차 헷갈립니다.

"와, 그렇게만 되면 소원이 없겠어"라는 말이 나올 만한 최선의 목표가 현실적으로 굉장히 어렵기는 하지만 무엇인지는 분명히 알고 있습니다. 내가 원하는 것은 별다른 스트레스 없이 날마다 작업실에서 보낼 수 있는 삶입니다. 창작의 치유 효과를 다른 사람들과 공유할 수 있는 워크숍도 열고 싶습니다. 다른 화가들을 만나고, 세계 각국의 미술관과 박물관을 여행할 시간이 있었으면 좋겠습니다. 저녁 식사에, 혹은 내 작업실에 친구들을 초대해 솔직한 비평을 들어볼 시간도 가지고 싶습니다. 잃어버린 창의성을 되찾기 위해서라도 좀 더 여유 있고 느긋한 삶을 살고 싶습니다. 지금 이 순간도 내 머리는 해답을 찾기 위해 안간힘을 다하고 있지만, 아무리 생각해도 쉽게 탈출구가 보일 것 같지 않습니다.

선생님의 도움이 필요합니다.

— **로라**

o 잘 아시겠지만 당신이 안고 있는 중요한 문제들은 대부분 당신의 힘으로 통제할 수 있는 것들이 아닙니다. 당신은 부동산 시장을 통제할 수 없을 뿐 아니라, 사람들이 당신의 그림을 살지 말지도 통제할 수 없습니다. 어쩌면 작품이 팔리지 않아도 그림에 대한 열정이 계속 유지될지 어떨지조차 당신의 통제권을 벗어나 있는지도 모릅니다.

하지만 당신이 통제할 수 있는(혹은 적어도 노력은 해볼 수 있는) 영역들도 분명히 있고, 당신이 영향력을 행사할 수 있는 영역은 그보다 훨씬 더 많습니다. 예를 들어 당신은 당신의 생각을 통제할 수 있고, 긍정적인 생각과 작품 판매에 영향을 미칠 수 있는 생각에 전념할 수도 있습니다.

하지만 먼저 두 가지를 물어보고 싶습니다. 지금 당신의 상황에서 긍정적인 생각이란 어떤 생각일까요? 또, 작품 판매에 영향을 미칠 수 있는 생각은 어떤 생각일까요? 우선 이 두 가지 질문에 대한 답변부터 해봅시다. 당신이 지금 처한 상황에 긍정적인 영향을 미칠 수 있는 생각(예를 들면 "집이야 어찌 되건, 무슨 일이 있어도 하루에 두 시간은 그림을 그릴 수 있다") 세 가지를 정리할 수 있습니까? 또, 그림 판매를 늘리기 위해 할 수 있는 일 세 가지는 무엇입니까? 일단 이 지점에서 시작해보는 게 어떨까요?

답장 고맙습니다. 그리고 아, 통제력 이야기를 꺼내셨더군요. 사실 그 녀석은 내가 제일 좋아하는 친구랍니다! 내가 안고 있는 고민 가운데 나 스스로 통제할 수 있는 것들이 그리 많지 않다는 사실을 상기시켜주셔서 정말 고맙습니다. 그것 자체가 얼마나 큰 도움이 되는지 신기할 지경입니다.

그럼 선생님의 제안과 관련해서, 두 가지 질문에 답해볼게요.

1 당신이 지금 처한 상황에 긍정적인 영향을 미칠 수 있는 생각 세 가지를 정리할 수 있습니까?

a. 매일 하루에 두 시간씩 그림을 그리거나 내 그림을 홍보하는 데 쓸 수 있습니다.

b. 매일 마음과 생각을 가다듬는 데 도움이 되는 명상을 할 수 있

습니다.

c. 워크숍을 조사하고, 내가 가르치고 싶은 분야의 커리큘럼을 만들 수 있습니다.

2 그림 판매를 늘리기 위해 할 수 있는 일 세 가지는 무엇입니까?

a. 거래하고 싶은 화랑 열다섯 군데의 목록을 만들 수 있습니다. 그 가운데 한 주에 두세 군데를 골라 전자우편으로 포트폴리오(편지, 이력서 등)를 보내고, 후속 작업으로 3주 후와 6주 후에 각각 엽서나 카드를 보내보겠습니다. 이렇게 해서 열다섯 군데가 끝나면 2차 목록을 만들어보겠습니다.

b. 조그만 브로슈어를 만들어 여러 화랑에 보낼 수 있습니다.

c. 추상화나 현대 미술을 다루는 미술 컨설턴트들의 주소를 구해서 브로슈어를 보낼 수 있습니다.

이 일들을 이번 주부터 할 생각입니다.

○ 아주 좋아요! 당신 스스로 이 모든 일을 정리했다는 사실이 무척 고무적입니다. 우선 정리한 그 작업들을 앞으로 2주 동안 해봅시다. 세 가지 생각(이건 정말 끈질기게 모니터해야 합니다), 그리고 실천이 저도 기대됩니다.

실행 보고서

일지 작성의 효과

다음은 내가 한 일과 하지 못한 일, 그리고 그 과정에서 깨달은 것들입니다. 이건 정말 소중한 도구예요. 계속 활용해보겠습니다. 이런 기회를 주셔서 다시 한 번 감사드립니다. 계속 일지를 작성할 생각이니, 선생님도 시간 날 때마다 연락 주세요.

오늘까지 한 일

- 거의 매일 그림을 그리거나 작품 홍보 작업을 하고 있습니다.
- 모두 여섯 군데의 화랑에 전자우편으로 포트폴리오를 보냈습니다. 두 군데에서 긍정적인 답변을 보내 왔고요. 나머지 화랑들은 관심이 없거나 당분간은 작가를 섭외할 계획이 없다고 하네요.
- 어느 화랑에서 내 작품 전시에 관심이 있다고 해서 JPG 파일과 함께 작품 목록을 보냈습니다.
- 뉴욕 화랑들이 신예 작가들의 포트폴리오를 검토하는 '화이트 칼럼'이라는 웹사이트에 온라인으로 내 자료를 보냈습니다. 심사가 시작되었다는 소식을 기다리고 있습니다.
- 최근에 완성한 작품들의 사진을 찍어서 기존에 거래하던 화랑 두 군데에 보냈습니다.
- 인근 화랑에 보낼 자료를 준비했습니다.

- 온라인 전시에 필요한 동영상을 만들기 위해 퓨즈박스Fusebox와 징Jing이라는 사이트를 살펴보았습니다.
- 내 그림 한 점과 그 배경에 관심을 가진 구매자가 소속된 화랑에 전자우편과 자료를 보냈습니다.
- 뉴스레터를 완성해 이번 주에 컨스턴트 컨택트Constant Contact를 통해 배포할 예정입니다.
- 작업실을 정리했습니다. 캔버스 보관 용기를 창고로 옮기니 작업 공간이 훨씬 넓어졌습니다.
- 작품 두 점의 판매 대금이 입금되었습니다.
- 뉴욕 북쪽의 골든 레지던시Golden Residency를 알아보았습니다. 신청서를 제출할 생각입니다.
- 산타페의 화랑들을 조사해 포트폴리오를 보냈습니다.
- 한동안 검토하던 디자인 작업을 포기했습니다. 막판에 계속해서 가격을 내려달라고 요구하더군요. 최종적으로 안 하기로 결정하고 끝냈습니다. 모처럼 아주 옳은 결정을 내린 느낌입니다. 그러고 나니 마음이 한결 가벼워졌습니다.
- 거래하는 화랑들이 유용하게 활용할 수 있는 마케팅 방안을 발견해 그들에게 링크를 보냈습니다.
- 갓 학교를 졸업한 뒤 화랑과 접촉하는 방법을 알고 싶어 하던 어느 젊은 화가에게 이런저런 조언을 들려주었습니다. 무척 재미있었고, 그 친구도 고마워하더군요. 나더러 이 주제로 워크숍을 열어도 되겠다고 합니다.

하지 못한 일

- 워크숍 검색과 커리큘럼 만드는 일을 끝내지 못했습니다.
- 조그만 브로슈어를 만들지 못했습니다.
- 미술 컨설턴트들에게 우편물을 발송할 수 있는 주소를 확보하지 못했습니다.

깨달은 것들

- 내가 만든 목록이 2주 동안 처리하기에는 약간 과하다는 것을 깨달았습니다.
- 매일 작업실에서 뭔가를 하는 것이 얼마나 중요한지를 깨달았습니다. 매일 그림을 그릴 수 있는 공간을 확보하고 싶습니다.
- 매일 일지를 작성하는 것이 집중력을 유지하고 불필요한 걱정을 떨치는 데 얼마나 중요한지 깨달았습니다.
- 목록을 작성하고 목표를 세우는 일에 몰두하다 보니 내가 통제할 수 없는 다른 일들을 걱정할 시간이 없었습니다.
- 다른 부동산 업자가 찾아와 자료(가능한 판매 금액 등)를 제시했는데, 그리 좋은 소식은 아니었습니다. 다음 단계는 변호사와 회계사를 만나는 일이 아닐까 싶습니다. 하지만 적어도 옳은 결정을 향해 조금씩 다가가는 느낌입니다.
- 하루에 내가 하고 싶고 해야 하는 일을 모두 처리하기에는 시간이 부족하다는 사실을 새삼 깨달았습니다.
- 디자인 사업은 전망이 그리 밝지 않다는 것을 깨달았습니다. 마감

날짜를 합의해놓고도 끊임없이 저쪽에서 자료가 넘어오기를 기다려야 합니다. 그들은 한 번도 약속을 지키는 법이 없는데, 나는 늘 지켜야 합니다. 이것이 이 사업을 접으려는 이유 가운데 하나입니다. 거의 40년 동안 이 일을 해왔는데, 이제는 새로운 방향으로 긍정적인 변화를 모색해야 할 때인 것 같습니다.

- 좋은 제안이 들어오면 반드시 '예스'라고 대답해야 한다는 사실을 깨달았습니다. 덕분에 선생님하고도 인연을 맺게 되었고, 선생님의 도움에 무척 기쁩니다.
- 전시와 강연 일정이 잡혀 있는 노스캐롤라이나로 돌아가 한동안 시간을 보내야 할 것 같습니다. 노트북을 가져가서 커리큘럼 작업과 워크숍 검색을 계속할 생각입니다. 이제부터 어떻게 해야 하는지 알려주시면 감사하겠습니다.

o 정말 많은 일을 하셨군요. 축하합니다! 당신은 그림을 그리는 일뿐 아니라 그림을 판매하는 일에 이르기까지 진정 하고 싶은 일이 그렇게 많으니, 또한 하루의 시간은 한정되어 있으니, 앞으로 3주 동안 지금과 같은 맥락을 유지하는 게 좋겠다고 생각합니다. 한 가지 덧붙이자면 그림을 그리는 일과 파는 일, 그리고 그 밖의 일상생활 사이에 균형을 유지하기 위한 계획을 세워보는 것이 어떨까요. 조금만 더 고민해보면 이 세 가지의 균형이 잡힌 '이상적인 일정표'를 만들어낼 수 있을 겁니다. 너무 의욕이 앞서 과욕을 부리면 중간에 포기할 수도 있습니다. 자신에게 맞는 일정표인지 천천히 점검

해보세요. 필요한 일을 많이 하려면 쓸데없는 걱정에 빠져 있을 여유가 없다는 점을 상기하는 것도 중요하고요. 연필을 집어 들고 그 세 개의 공으로 근사한 저글링을 하는 데 필요한 일정을 짜보세요.

로라처럼 오랜 세월 동안 정통미술과 상업미술 분야에서 활동해온 사람이라면 자신이 통제할 수 있는 일과 없는 일, 영향을 미칠 수 있는 일과 없는 일에 대해 아주 많은 것을 알게 된다. 하지만 삶이 너무 빠른 속도로 흘러가다 보면 비생산적인 집착에 사로잡혀, 자기 자신을 돌아보고 영향력과 통제력을 발휘할 수 있는 곳에 집중해야 한다는 사실을 잊어버릴 때가 많다. 비생산적인 생각을 쓸어내고 마음속을 청소한 다음, 더 나은 발판 위에서 새롭게 출발하기 위해 정기적으로 잠깐씩 멈춰 서서 주위를 둘러보아야 한다.

3

한 가지에 끝까지 몰두하지 못한다

가구 디자이너

대개 사람들은 자투리 시간을 우습게 여기는 경향이 있다.
이미 너무나 많은 일을 하고 있다며
여기서 15분, 저기서 45분 정도는 그냥 내다버린다.
굳이 그런 시간까지 뭔가 생산적인 일에 쓸 필요는 없다면서 말이다.
전자우편을 확인하거나, 인터넷을 배회하거나, 게임을 하거나,
소셜 미디어를 들여다보거나, 좋아하는 방송 프로그램을 기웃거리거나,
그 밖에 별 의미 없는 일로 자투리 시간을 보내며
'진짜 일'이 시작되기를 기다린다.
바쁜 일상을 살아가는 예술가들은 이런 사고방식을
바꿔야 한다는 사실을 깨닫는 경우가 많다.
그 짧은 시간 동안에 할 수 있는 일이 의외로 많기 때문이다.

: 이것저것 그럭저럭 해왔지만 :

나는 열세 살 때까지만 해도 미술에 특별한 관심이나 재능이 없었지만, 우연한 기회에 유화를 그리기 시작했습니다. 그림을 그리고 있으면 왠지 마음이 즐겁고 편안해지더군요. 20대 때는 건축, 조각, 그리고 가족 세러피 분야에서 학위를 땄습니다. 그림이나 디자인은 별다른 노력을

기울이지 않아도 저절로 되는 느낌이었고, 그래서 별다른 계획을 세우지 않아도 언젠가는 유명한 건축가나 화가가 될 수 있을 거라고 믿었습니다. 경제적인 문제에 대해서도 크게 신경을 쓰지 않았고요.

30대 때는 사업을 하고 싶어서 건축을 비롯한 몇 가지 분야에서 그럭저럭 성과를 거두었지만, 내가 정말로 중요한 일을 하고 있다는 느낌은 별로 받지 못했습니다. 쉰 살이 넘은 지금에 와서 돌아보니, 지난 25년의 세월을 가구와 기타 여러 제품을 디자인하고 만드는 일에 바친 셈이 되었네요. 고급스러운 주문 제작 가구를 만드는 일도 굳이 말하자면 일종의 예술 활동이라 할 수 있겠지요. 한 번도 호화로운 생활을 해본 적은 없지만 자유 시간은 아주 많은 편이었고, 그것이 나에게는 중요한 의미를 갖는 부분이었습니다.

지난 15년 동안 대학에서 시각적 사고를 가르치기도 했습니다. 강의 준비에 쏟아 붓는 시간과 에너지를 생각하면 보수는 신통치 않았지만, 학생들의 창의력이 발전하는 모습을 지켜보며 커다란 만족감을 느낄 수 있었습니다. 그렇게 만족스러운 일자리를 갖게 됐으니 운이 좋은 편이었고, 학생들을 가르치며 나름대로 실험도 해볼 수 있으며, 내 수업을 들으며 점점 확장되는 예술 개념에 신기해하는 학생들(대부분 미술을 전공하지 않는)의 모습을 지켜보는 것도 즐겁습니다.

지금 나의 가장 큰 숙제는 어떻게든 물 위로 머리를 내밀고 있는 것입니다. 지난 12월에 갑자기 알츠하이머 증세를 보이기 시작한 아버지를 돌봐야 하고, 종양으로 서서히 죽어가는 늙은 개도 보살펴야 합니다. 그러다 보니 시간이 어떻게 흘러가는지 알 수가 없어서, 때로는 일을 하거나 나 자신에게 투자할 시간이 부족한 경우도 생깁니다. 다행히 온라인 명상 그룹에 가입한 덕을 많이 보고 있어서, 평생 처음으로 매일같이 명상 시간을 갖고 있습니다. 지난 두 달간은 주로 연민과 사랑의 마음을 기르는 데 초점을 맞추고 있는데, 타인에 대한 연민의 정을 생각하다 보니 자기 연민의 덫을 피하는 데 꽤 도움이 되는 느낌입니다.

: 열정을 쏟기 위한 세 가지 목표 :

전체적으로, 한 분야에 진득하게 열정을 쏟아 붓지 못하고 이리저리 옮겨 다니는 성향 때문에 더 큰 창의력을 발휘하지 못하는 게 아닌가 하는 생각을 해봅니다. 브레인스토밍 능력이 꽤 뛰어난 편이라 '몰입 상태'로 들어가는 데에는 문제가 없습니다. 하지만 꾸준히 집중력을 발휘해 한 가지 프로젝트를 완성하거나, 다른 사람들의 상황에 개의치 않고 나에게 정말 중요한 일을 깊이 파고드는 힘은 많이 부족한 듯합니다.

그래서 일단 다음 세 가지를 목표로 정해보았습니다.

1 대부분의 수입이 디자인이나 주문 제작 업무에서 발생하고 있지만, 한때 열중하던 '예술 가구'를 만드는 일로 돌아가고 싶습니다. 그러기 위해서는 일련의 연작 소품을 완성해서 사진 촬영을 하고, 이 작품들을 고급 공예품을 취급하는 화랑에 전시할 수 있는지 알아보아야 합니다.

2 강의 때 활용하는 원칙과 방법론을 책으로(분량이 부족하면 소책자로라도) 정리하고 싶습니다.

3 이 책은 더 큰 꿈을 향해 다가가는 출발점이기도 합니다. 말하자면 교육 기관의 틀을 벗어나 자유롭게 여행하며 제자들을 가르치는 선생 겸 기업가가 되는 것이 나의 꿈입니다. 예술과 교육 양면에서 소수의 사람들에게 심도 있는 도움을 줄 수 있으면 좋겠는데, 지금은 좀 더 큰 규모로 예술과 창의성을 가르칠 수 있지 않을까 생각하고 있습니다.

최근에는 시각적 사고의 개념들을 더욱 깊이 있게 다루는 인터넷 강의를 개발하고 있습니다. 우선은 가르쳤던 제자들을 대상으로 가능성을 타진해보고, 잘되면 상업화하는 방법까지도 생각해볼까 합니다. 작년에 명상과 나눔의 정신을 배우면서 긍정적인 경험을 많이 했기 때문에 소규모 일대일 인터넷 강의 형태로 내가 배운 것을 나눌 수 있지 않을까 생각하며, 900명에 달하는 제자들과 관심 있는 일반인들을 상대로 G+ 커뮤니티를 만드는 방안도 구상 중입니다.

음, 쓰고 보니 두 달 동안 할 일 치고는 너무 거창한 것 같군요. 좀 더 합리적으로 정리해보면, ① 새로운 '예술 가구' 아이디어의 뼈대를 잡는다 ② 15주짜리 강의를 토대로 한 책자를 완성한다 ③ G+ 커뮤니티를 만들어서 반응을 지켜본다 정도가 되겠습니다.

— **매슈**

o 아주 훌륭한 목표를 세우신 것 같군요. 하지만 언제 무엇을 할 것인지 뚜렷하게 일정표를 짜지 않는 이상, 서로 별다른 연관이 없는 세 가지 목표를 동시에 추진하는 것은 결코 쉬운 일이 아닙니다. 내가 이런 말씀을 드리는 것은 당신의 생활이 본질적으로 상당히 불규칙하다는 인상을 받았기 때문인데, 혹시 그럼에도 그 세 가지 목표를 모두 고려한 하루 일정표를 마련하셨는지 모르겠습니다. 오늘은 이 프로젝트, 내일은 저 프로젝트 하는 식으로 매일 조금씩 진행하는 것은 어떨까요? 어떤 일정표를 염두에 두고 계신지, 어떤 방법으로 그 세 가지 목표가 당신의 삶에서 튼튼한 뿌리를 내리게 할 것인지 알려주시면 좋겠습니다.

선생님의 답장을 받고 보니 내 현재 상황을 좀 더 현실적으로 바라봐야 하겠다는 생각이 듭니다. 말씀드린 세 가지 목표를 달성하는 데 필요한 일들을 어떤 일정표에 따라 수행해야 할지는 아직 정하지 않았어요. 하지만 가르치고 책을 출간하고 작품을 전시하는 일에 대한 나의 야심이라는 외적인 부분에 초점이 맞춰져 있다는 걸 깨달았고, 그래서 당장 나에게 가장 필요한 것은 나의 '내적 세계'를 구축하는 것이라는 결론을 내렸습니다.

어제 자기소개서를 새로 작성하면서 그동안 그린 그림들을 정리하다가 우연히 30년 전 건축과에 다닐 때 그린 도면을 한 장 발견했습니다. 이른바 '마법의 나이트클럽'을 그린 도면인데, 그 그림을 보니 문득 이런 생각이 들더군요. '정말 마음에 드는 그림이다. 특정 공간을 감

정과 결부하는 이런 종류의 그림을 왜 계속 그리지 않았을까?'

그래서 앞으로 몇 주 동안 하루에 45분씩 2차원 미술에 집중 투자하기로 마음먹었습니다. 오로지 펜과 연필(또는 아이패드)을 가지고, 어떤 외적인 목적의식 때문이 아니라 그저 내가 그리고 싶은 것을 그릴 때 어떤 일이 벌어지는지를 확인하는 것이 유일한 목표입니다.

그러고 나니 금세 몇 가지 아이디어가 떠오르더군요. 예술적 영감은 사실 나에게 그리 골치 아픈 문제가 아닙니다. 책 쓰는 일을 마무리하는 데 집중하기보다는 내가 잘할 수 있는 일로 돌아간다는 느낌이 들었습니다. 책 쓰는 일은 나중을 위해 아껴두어야 할 것 같습니다. 그래야 매일 밤 그림 그리는 일에 전념할 수 있을 테니까요. 그 시간이야말로 나 스스로를 표현하는 일에 초점을 맞추고 나에게 자양분이 될 일을 해야 할 때라고 생각합니다.

선생님은 내가 이 시간을 하루 가운데 언제라고 못 박아두는 게 좋다고 생각하십니까? 금년 한 해 동안 특별히 일정표를 짜지 않고도 매일같이 명상의 시간을 가져 큰 도움을 받은 기억 때문인지, 그림 그리는 일 역시 딱히 시간을 정해두지 않아도 매일 할 수 있을 것 같습니다.

좋은 조언을 들려주셔서 감사합니다.

○ 좋습니다. 그 정도면 앞으로 2주 동안의 뚜렷한 목표를 세운 셈이로군요. 부디 성공하기를 빕니다. 시간을 고정하는 문제에 대해서는 이왕이면 아침에 창의력을 훈련하는 것이 좋기 때문에 1순위에 두는 것이 좋다고 생각하지만, 물론 그것이 절대적인 원칙은 아닙

니다. 매일같이 그림 그리는 일에 충분한 시간을 투자할 수만 있다면 굳이 시간을 못 박을 필요는 없을 듯합니다. 하지만 만약 그렇지 못한 경우라면 공식적으로 시간을 정해두는 것이 좋다고 생각합니다.

실행 보고서

하루 45분의 성과

그동안 상당한 일관성을 발휘해 매일 그림을 그렸을 뿐 아니라 올해 들어 하루도 빠지지 않고 했던 것처럼 명상도 계속했습니다. 그런데 지난주에는 우리 개를 떠나보내는 커다란 슬픔을 겪었습니다. 거의 15년을 나와 함께 살아온 녀석이었어요. 녀석과 정말 좋은 시간을 많이 보냈습니다. 사람 나이로 치면 116살에 해당하는 셈이니, 나는 아주 운이 좋은 쪽이었습니다. 이제부터는 녀석 없이 살아가는 삶에 익숙해져야 하겠지요.

한편 예술의 세계로 돌아가는 값진 시간을 누렸습니다. 때로는 녀석이 짖는 소리에 잠을 깨 새벽 3시에 그림을 그리기도 했는데, 혼자가 된 지금은 근처의 아름다운 공원을 산책하며 그립니다. 지난 2주 동안 준비 운동은 어느 정도 된 것 같고, 멋진 테마도 떠오르기 시작합니다. 어제는 나무와 급수탑을 그렸는데, 평생 건축에 대한 관심은 사라지지 않는 느낌입니다.

덕분에 나는 매일같이, 그것도 견디기 힘든 슬픔이 몰아닥친 와중에도 그림을 그릴 수 있다는 사실을 깨달았습니다. 하루 45분의 시간만으로 눈부신 성과를 거둘 수 있다는 사실도 배웠고요.

나는 오래전부터 머릿속에 떠오르는 모든 생각을 표현해낼 수 없다는 사실 때문에 큰 좌절감을 느꼈습니다. 어제는 문득 내가 디자인 작업을 할 때 사용하는 컴퓨터 기술을 예술적 영감을 표현하는 데에도 활용할 수 있겠다는 생각이 들었습니다. 그렇게 되면 25년 전부터 집착해온 수작업보다 훨씬 빠른 시간에 작품을 만들어낼 수 있을 테니까요. 시간이 갈수록 나아지는 것도 분명 있는 모양입니다.

지난 세월 동안 나는 돈을 벌어야 하고 먹고살아야 한다는 사실을 그림을 그리지 못하는 핑계로 써먹은 것 같습니다. 사실 먹고살기 위해 주당 40, 50, 60시간을 일해야 했던 적은 한 번도 없었으면서 말입니다. 지난 2주는 돈이 아니라 오로지 나 자신의 만족을 위해 그림을 그릴 수 있다는 사실이 입증된 시간이었습니다. 또한 그림 그리는 일은 엄청난 치유 효과를 발휘하기 때문에 앞으로 닥칠 시련을 이겨내고 내 인생의 다음 항로를 결정하는 데에도 큰 도움이 된다는 사실을 깨달았습니다. 앞으로도 매일 그림을 그릴 계획이고, 2주 후에 내가 어떻게 변해 있을지를 생각하니 벌써 가슴이 설렙니다.

- 정말 반가운 소식입니다!(물론 애견과 사별한 것은 빼고.) 앞으로 3주에 걸친 당신의 목표를 이렇게 정리해볼 수 있을 것 같습니다. ① 매일 그림을 그린다. ② '테마'를 구상하고 그에 따른 그림을 그려

서 자신의 감정과 사고를 더 체계적으로 표현할 수 있도록 노력한다. ③ 작품 활동에 컴퓨터를 어떻게 활용할 것인지를 좀 더 구체적으로 고민한다. 핵심 목표는 물론 ①이 되겠지만, ②와 ③에도 꾸준히 관심을 기울여주시기 바랍니다.

우리의 내면 가장 깊숙한 곳에 숨은 예술적 테마를 끌어내는 방법 하나는 그것이 일상생활의 혼돈 속에서 여차하면 시들어버리기 십상이라는 점을 감안해 하루에 단 15분, 30분이라도 최대한 자주 시간을 내어 그 간격을 좁히고 계속 성장할 기회를 주는 일이다. 자투리 시간을 우습게 생각하지 말고 꾸준히 정성을 기울이면 엄청난 내공을 쌓을 수 있다. 꾸준한 연습이 가장 훌륭한 스승이다.

4

이 나이에도 시작할 수 있을까

화가 지망생·소설가 지망생

언젠가 너무 나이가 들어서 더 이상 창작을 할 수 없는 날이 올까?
그런 날은 절대 오지 않는다.
창작 정신이 여전히 우리에게 말을 걸고
여전히 가장 중요한 자리를 차지하고 있는 한.
너무 늦은 때란 존재하지 않으며
아무리 나이가 들어도 창작 혼은
여전히 왕성할 수 있다는 사실을
상기할 필요가 있다.

: 몇 년째 제자리걸음, 나이에 반비례하는 자신감 :

현재 상황부터 말씀드릴게요. 나이는 예순한 살이고 남편과 함께 하와이에 살고 있습니다. 둘 다 현역에서 은퇴했고요. 나는 20년 동안 육군 간호사로 일한 뒤, 법대를 나와 한동안 가정 법률 사무실을 운영했어요. 지금은 파트타임으로 인터넷에 건강 칼럼을 쓰고 있습니다. 친정 아버지가 불치병을 앓고 계셔서 몇 달에 한 번씩 텍사스로 날아가 간호를 도와야 합니다. 집에 돌아오면 꽤 유연하고 한가한 '일과'를 누릴 수 있고요.

예전에는 인형의 집을 꾸미거나 보석 상자를 만드는 등 예술적인 공작을 즐기는 편이었지만, 아이들이 태어난 다음에는(지금 그 아이들이 서른넷, 서른여섯 살입니다) 직장 생활을 하느라 다른 모든 것을 포기해야 했지요. 그러다가 2008년에 은퇴를 하고 나서 기독교 문인 협회에서 주관하는 창의적 글쓰기 강좌에 참석해 2단계까지 마쳤습니다. 소설을 써서 에이전트에게 보여주었더니 마무리된 원고를 보내달라고 했지만, 끝내 마무리는 하지 못했습니다.

인터넷에 칼럼을 기고하고 몇몇 인쇄 매체에 법률 관련 기사를 쓰거나 어느 동인지에 에세이를 발표한 적은 있지만, 그 뒤로도 소설은 좀처럼 진전을 보지 못하고 있습니다. 아무래도 시장 선택을 잘못 한 것 아닌가 싶은데(기독교인의 사랑을 주제로 삼았습니다), 다른 한편으로 퇴짜를 맞을까 봐 두려운 마음도 큰 비중을 차지하는 것 같습니다. 한 해 한 해 나이를 먹을수록 소설은 아무리 발버둥을 쳐도 될 일이 아니라는 생각이 커지는 것도 사실이고요.

2년 전 어느 글쓰기 수련회에 참석했다가 상상력이 고갈된 느낌이 들어서 그림 쪽으로 조금 더 신경을 써보기로 마음먹었습니다. 인터넷으로 평생 처음 수채화 강좌를 들었는데, 의외로 재미있더군요. 그때부터 수채화 강좌는 물론 혼합 매체와 아트 저널링art journalling 쪽으로 관심의 폭을 넓혀보았습니다.

그 뒤에는 집 근처의 시니어 클럽에서 주관하는 그림 강좌를 들었는데, 강사와 궁합이 썩 잘 맞았던 것 같지는 않네요. 지금은 온라인으로 판타지 트래블 저널링fantasy travel journalling 강좌를 듣고 있는데, 7월부터는 색채론을 배워볼 계획입니다. 올 여름이나 가을에는 다른 강사가 진행하는 강좌를 신청할까 싶고요. 지금까지는 작품을 판매하거나 대회에 응모한 적이 한 번도 없는데, 이제는 두 가지 다 해보았으면 합니다.

: 위축되지 않고 용기를 내고 싶어요 :

내가 생각하는 나의 문제점을 정리해보았습니다.

1 나이 : 때로는 이제 발버둥을 치기에도 너무 늦었다는 생각이 듭니다. 글이든 그림이든 이 나이에 시작해서 어디까지 갈 수 있을지 의문이기도 하고, 계속 애를 쓰면 사람들이 다 늙어서 주책이라고 손가락질할까 봐 두렵기도 합니다. 다른 한편으로는 지금이 내 인생에서 가장 시간이 많을 때고 재미있기도 하니, 계속 노력해봐야겠다는 생각이 들기도 합니다.

2 시간 : 원래 시간표 짜는 것을 좋아하지 않는 성격이지만, 그래도 시간표가 없으면 아무것도 못할 때가 많습니다. 지금도 오전 시간은 혼자서 글 쓰고 그림 그리는 일에 몰두하고, 오후에는 우리 집 개들이나 남편과 함께 시간을 보내려고 마음먹고 있어요. 문제는 오전 시간 동안 하고 싶은 일을 하지 못하고 허비해버리는 경우가 많다는 점이지만요. 여름에는 오전에 수영이나 산책을 하는 게 더

낫기 때문에 일찍 일어나서 그런 야외 활동을 하고 오후에 할 일을 하는 방안을 생각하고 있습니다.

3 책임 : 지난 한 해 동안 텍사스와 하와이를 몇 번이나 왕복했는지 모릅니다. 하와이에 있으면 아버지가 걱정되고, 텍사스에 가 있으면 남편과 개들 걱정 때문에 일이 잘 손에 잡히지 않아요. 조만간 파트타임으로 일을 하게 될지도 모르는데, 지금 같아서는 제대로 감당하지 못할 거면 차라리 포기하는 게 낫지 않을까 하는 생각이 들 지경이네요. 그래도 돈을 버는 건 좋은 일이니까 어떻게 될지 아직 잘 모르겠습니다.

4 자신감 : 나에게 예술적인 재능이 전혀 없다고는 생각하지 않지만, 때로는 어차피 되지도 않을 일로 스스로를 속이고 있는 게 아닌가 싶을 때도 많아요. 지난 20년 세월을 통째로 예술 계통에 바친 사람도 아니다 보니, 내가 작품을 판매하거나 대회에 출품하면 사람들이 비웃지 않을까 걱정스럽기도 합니다.

5 정신 건강 : 최근에 받은 심리 검사에 의하면 나는 60퍼센트가량 장애가 있다고 하는데, 육체적인 문제보다는 주로 PTSD[외상 후 스트레스 장애-옮긴이]와 우울증 때문이라고 합니다. 3개월에 한 번씩 정신과 의사를 만나야 하지만, 특히 그림을 그리기 시작한 다음부터 약물 의존도는 많이 줄었습니다. 그래도 언젠가 깊은 우울증의 늪으로 빠져들지 않을까 하는 두려움을 완전히 극복하지는 못한 상태입니다.

6 산만함 : 나에게는 모든 것이 반짝이고 새롭게 보이기 때문에 어느

한 가지에 집중하는 게 힘들 때가 있습니다.

목표는 다음과 같습니다.

1 일반인과 전문가 모두에게 개방된 미술 대회에 출품해보고 싶습니다. 우리 지역에는 하와이 특유의 동식물을 소재로 하는 미술 대회가 있는데, 주제는 정해놓았지만 아직 구체적인 준비는 시작하지 못했습니다. 자신감 결여가 발목을 붙잡는 느낌입니다.
2 작품 판매 가능성을 타진해보고 싶습니다. 몇 가지 아이디어는 있는데 시장에 대해 아는 게 별로 없어서요. 이것 역시 자신감 문제인 것 같기도 합니다.
3 쓰던 소설을 어떻게 해야 좋을지 결정을 내리고 싶습니다. 손질을 할 것인지, 버리고 새로 시작할 것인지, 이도 저도 아니면 깨끗이 포기하든지, 어느 쪽으로든 결정을 내렸으면 좋겠습니다.
4 야외에서 수채화를 그리는 모임이 마침 우리 집 근처에서 모이는데, 거기에 참여하거나 아니면 혼자서라도 야외에서 그림 그리는 용기를 내보고 싶습니다.
5 매일같이 그림 그리는 습관을 들이고 싶습니다.

— **엘리너**

○ 본인 성격이 조금 조급하고, 흥미를 잃기 쉬우며, 동기부여가 잘 안 되는 쪽이라는 것을 알고 계신 듯하니, 최대한 간단하게 얘기를 해

봅시다. 앞으로 2주 동안 프로젝트 딱 하나에만 전념하는 것은 어떨까요? 다시 말하면 한 가지를 선택해서 모든 에너지를 집중하는 대신, 그 선택에 대해 미련이나 핑계를 갖지 않는 겁니다. 만약 그렇게 한다면 어떤 프로젝트를 선택하시겠습니까?

아무래도 나의 목표들 가운데 가장 기본적인 것, 즉 매일같이 그림 그리는 습관을 선택할 것 같습니다. 그림에 대해서 하루도 생각하지 않는 날이 없지만, 실제 생활에서는 그것이 최우선순위를 차지하지 못할 때가 많거든요.

그러니 무슨 일이 있더라도 하루에 최소한 10분을 그림 그리는 일에 투자해보겠습니다. 다음 주에 이곳 텍사스에서 하와이의 집으로 돌아갈 예정인데, 그렇다고 그림 그리기에 완벽한 환경이 보장되지는 않을 것이고 시차로 고생도 하겠지만, 하루에 10분 정도는 충분히 낼 수 있을 것 같아요.

- 정말 좋은 생각입니다. 이왕 시작하는 김에 20분이면 더 좋겠지만 :) 10분만으로도 훌륭합니다!

좋아요, 20분을 채우도록 노력할게요.

실행 보고서

원하는 한 나도 할 수 있다

7월 5일부터 18일까지 2주 동안 매일같이 최소 20분간 그림을 그린다는 목표를 달성했다는 소식을 전하게 되어 무척 기쁩니다. 20분을 훌쩍 넘긴 게 대부분이지만 간신히 20분을 채운 날도 며칠 있습니다.

사실 그 2주 동안 여러 가지 장애물이 있었어요. 마침 7월 5일이 우리 손자 생일이라 하루 종일 그 녀석이랑 시간을 보냈거든요. 게다가 첫 나흘은 아직 텍사스에 있을 때라, 한 달에 걸친 아버지 간호를 마무리하고 우리 자식들, 손자들, 형제들을 만나러 다니느라 무척 바빴습니다.

7월 9일에 비행기를 타고 하와이로 돌아왔는데, 텍사스의 집을 나와서 하와이 집에 도착할 때까지 꼬박 열여덟 시간이 걸렸어요. 시차 때문에 거의 한 주를 비몽사몽 상태로 보내야 했죠. 슬픔, 불안, 우울 등과 같은 정신적인 문제에 대처해야 했고, 아버지가 벌여놓은 일을 수습하고 집을 파는 일까지 겹쳐서 더욱 힘들었습니다.

이런 장애물을 극복하기 위해서 일지를 작성하며 다음 날 할 일을 미리 정리해보았습니다. 예를 들어 비행기를 타기 전날에는 이동하는 동안에 스케치를 하기로 결정하고 여행 가방에다 펜과 스케치북을 챙겼지요. 당시에는 매일같이 내가 수강하고 있던 온라인 아트 저널링 강좌의 숙제를 해야 했기 때문에 동영상 강의를 앞당겨 보고 준비물과 교재를 준비하곤 했습니다. 시간이 나면 다음 날 어떤 그림을 그릴 것인지도 하루 전에 미리 정해두었고요.

나 자신을 위한 원칙도 마련했습니다. 나는 미술에 관한 책을 읽거나 동영상을 보는 것은 물론 다른 사람들의 작품을 감상하는 것도 좋아하지만, 그런 것은 직접적인 창작 활동에 투자할 20분에 포함시키지 않기로 결정했습니다.

새롭게 알게 된 사실

1. 결심을 실행에 옮기면 개인 시간의 부족, 시차로 인한 혼란, 정서적 문제, 동기 결여 등등 수많은 장애물에도 불구하고 매일같이 그림을 그릴 수 있다. 미리 계획을 세우고 조금만 생각을 하면 된다.
2. 내가 원하기만 하면 굳이 작업실이 아니더라도, 여행 중에도 얼마든지 그림을 그릴 수 있다.
3. 매일 그림을 그리면 세월을 낭비한다는 죄책감이 드는 걸 예방할 수 있고 다음 작업 시간에 대한 기대감도 키워갈 수 있다. 실제로 마지막 날에는 두 번이나 작업 시간을 가졌다.
4. 매일 그림을 그리면 항상 내일을 기약할 수 있기 때문에 뭔가 기억에 남을 만한 일을 해야 한다는 압박에서 벗어날 수 있다.
5. 그림에 대한 책을 읽는 것은 그림을 그리는 것이 아니다.
6. 2주 동안 평소처럼 여러 프로젝트를 마구잡이로 건드리지 않고 매일 같은 일(아트 저널링)에 집중하다 보니 마음이 편해진다.
7. 사람들 앞에서 그림 그리는 것은 좋아하지 않지만 필요하다면 못할 것도 없다.
8. 매일 그림 그리는 습관을 들이면 더 많은 아이디어가 생긴다.

9 이유는 잘 모르지만 집에 돌아온 다음보다는 한창 바쁠 때 계획을 세우는 쪽이 더 쉽다. 집에 돌아와 시간 여유가 생기면 할 일을 나중으로 미루는 경우가 많다.

10 쉽지 않은 상황 속에서도 매일 그림을 그리니 예전보다 훨씬 행복하다.

지난 몇 년 동안 매일같이 뭔가(그림이든 글이든)를 해보기로 결심한 적이 열 번도 넘지만 한 번도 대엿새를 넘긴 적이 없습니다. 이제 나도 할 수 있다는 생각을 하니 뿌듯하네요.

아마도 지난번처럼 매일같이 누구에게 보고를 하지 않아도 된다는 점이 이런 차이를 만들어낸 것 같은데, 물론 지금도 완전하지는 않습니다. 하지만 지난 2주 동안 나름대로 좋은 효과를 보았으니 앞으로도 계속해볼 생각입니다.

다른 한편으로는 이러다가도 하루만 빼먹으면 그런 날이 자꾸 반복되지 않을까 하는 걱정이 떠나지 않습니다. 완벽주의자 기질이 있어서인지 한번 삐끗하면 원래 궤도로 돌아오기가 쉽지 않거든요. '해야 하는 일'이 아니라 '하고 싶은 일'을 한다는 마음가짐으로 계속 밀어붙일 생각입니다.

- 정말 훌륭합니다! 스스로 세운 원칙에 따라 계속 밀고 나가시길 바랍니다. 만약 하루를 빼먹게 되면 왜 그런 일이 생겼는지 스스로 분석해보세요. 그래야 그 하루가 여러 날로 불어나지 않습니다.

예술가라고 하면 우리는 흔히 베토벤이나 반 고흐, 버지니아 울프, 피카소, 조지아 오키프 등을 떠올린다. 그러나 세상에는 창의적 아이디어, 창의적 본능, 창의적 영감을 지닌 엘리너 같은 사람이 수없이 많다. 피카소에게는 48시간 연속으로 그림 그리는 일이 다반사였겠지만, 엘리너에게는 하루에 20분씩 꾸준히 그리는 것만 해도 커다란 성과가 아닐 수 없다.

5

두려워서 실행에 옮기지 못한다

연극 연출가·소설가 지망생

나는 고객이 품고 있는 꿈을
명쾌하게 드러내는 것을 창의성 코치의 임무라고 생각한다.
비록 지금 당장 그 꿈을 향해 달려가기는 어렵고
생각하는 것조차 겁이 나는 상황이라 하더라도,
일단은 그 꿈을 꺼내 테이블 위에 올려놓아야 한다.
정말로 준비가 되어 있지 않을 수도 있지만
사실은 이미 준비되어 있을 수도 있다.
환한 빛 속에 꺼내보기 전에는 아무도 모른다.

: 다양한 역할에 충실했던 생활 :

나는 어릴 때부터 글과 연극을 좋아했어요. 1987년에 연극학과를 우수한 성적으로 졸업했지만, 학위가 나의 무대공포증을 씻어주지는 못하더군요.(그게 얼마나 끔찍한 건지, 겪어보지 않은 사람은 모를 거예요.) 학교에서 만난 동료 배우와 결혼을 하고 아이를 둘 낳은 뒤에는 발성법을 가르치는 한편으로 내가 좋아하는 조그만 극단에서 연출을 맡게 되었습니다.

이 극단은 '기독교 원칙'에 입각해 설립되었고, 당시만 해도 그것은 나에게 커다란 의미를 갖는 부분이었습니다. 좋은 일을 많이 했고, 동료들도 대체로 진지하고 협조적이며 뛰어난 재능을 갖추고 있었지요. 내 임무는 주로 자료실을 만들고, 워크숍을 지도하며, 회의를 조직하는 일이었습니다. 그러기 위해서는 내가 좋아하는 여러 가지 일들, 즉 연출과 집필, 독서와 교육, 자료 정리와 회의 준비, 신인 발굴 등을 모두 아우를 수 있어야 했고, 더욱이 그 모든 것이 종교 테두리 안에서 이루어져야 했습니다. 경제적 어려움만 빼면 나에게는 '완벽한 직장'이었어요.

다른 한편으로는 자유기고가 자격으로 글을 쓰기 시작했는데, 돌이켜보면 10대 후반부터 종종 글을 써서 기고하곤 했습니다. 무대공포증에 시달리던 내가 연극학과를 졸업한 것은 글쓰기의 두려움을 피하기 위해서였다고 농담 삼아 이야기할 정도였죠. 극단 일을 하면서 현역 작가들을 자주 만나다 보니 자연스럽게 그 방향으로 눈을 돌렸던 것 같습니다. 그러던 차에 결혼 생활이 파경을 맞고 나니 극단의 쥐꼬리만 한 월급과 불규칙한 업무 시간으로는 도저히 어린아이 둘을 돌볼 수가 없어 도서관으로 일자리를 옮겼습니다.

음식, 건강, 자녀 양육, 종교 등 다양한 분야에서 자유기고가로 활동하는 한편, 문예창작학과 강의를 청강했습니다. 그 덕분에 소설 한 권과 그림책을 몇 권 쓸 수 있었어요. 선생님과 동료들은 내 작품을 굉장히 긍정적으로 평가해주었고 아동문학상에 응모해 두어 번 입상을 하기도 했지만, 잡지에 실린 글 말고 정식으로 책을 출간하지는 못했습니다. 내 작품을 홍보하는 것도 결코 쉬운 일이 아니더군요.

: 바뀐 상황과 정체성 위기, 걸핏하면 우울해요 :

그러는 사이, 심각한 정체성 위기가 닥쳐오기 시작했습니다. 다니던 교회를 그만두었고, (이혼을 계기로) 내가 과연 어떤 사람인지 혼란에 빠졌으며, 작가로서 입지를 굳히지도 못했습니다. 이 무렵에 만난 다른 남자와 5년을 교제한 끝에 정식 결혼식을 올리지 않고 동거를 시작했는데, 그러고 나니 더 이상 글을 쓸 수가 없었습니다. 새로운 관계에 적응하기가 만만치 않았고 그나마 정기적으로 쓰던 글마저 포기하고 나니, 내 목소리를 듣는 것조차 고통스럽게 느껴질 지경이었습니다.

다른 한편으로는 카운슬러 교육을 받은 뒤 전문 오거나이저organizer 일을 하기 시작했습니다. 이 일은 비교적 마음에 들었고 무척 바쁘기도 했지만, 나 자신이 '진짜 일'을 회피하고 있다는 느낌은 여전했습니다. 그러니 걸핏하면 죄의식과 우울감에 빠져드는 것도 무리가 아니었죠. 자꾸 나이만 먹으니 마음은 점점 조급해지고(지금 49세입니다), 끊임없이 밀려드는 아이디어의 홍수 때문에 쉽게 지쳐버리는 경향도 있습니다. 지나치게 많은 프로젝트에 에너지가 분산되는 경우도 많고요. 덕분에 만성적으로 산만함이 극에 달한 고객들을 대할 때 공감대가 생기기도 하지만, 나 역시 집중력이 떨어져 실패를 경험할 때가 너무 많아요.

그러니 어쩌면 내가 우울증에 시달리는 것도 무리가 아닐지 모릅니다. 첫 번째 결혼 생활 때와 둘째 아이가 태어난 뒤에도 그랬지만, 열두 살 이후 수시로 우울증이 찾아왔던 것 같아요.

: 두려움을 넘어 소설 초고 마무리부터 :

도전에 대해서

나는 일을 많이 하는 편입니다. 지금도 도서관에서 파트타임으로 일하고 있고, 오거나이저 일을 하면서 만난 몇몇 개인 고객들을 돕고 있기도 하지요. 그런데 지금 같은 비즈니스 모델에서는 해야 할 일에 비해 무보수로 일해야 하는 시간이 지나치게 긴 것도 사실입니다. 게다가 노환으로 고생하는 시어머니를 돌보느라 상당한 시간과 에너지를 쏟아부어야 하고요. 시어머니가 아들(내 동거인)과 관계가 좋지 않은 탓에 그녀를 돌보는 일이 고스란히 나에게 돌아오거든요. 그렇다 보니 시어머니는 물론 동거인과의 관계조차 아슬아슬한 줄타기를 하는 느낌이에요. 게다가 잃어버린 시간을 벌충하고 경제적인 어려움에서 벗어나야 한다는 압박감도 엄청납니다. 창의적인 프로젝트에 집착하는 것이 사치로 느껴질 지경이죠.

마지막으로, 나에게는 남모를 두려움이 있습니다. 시간이라는 덫에 구속되지 않을까 하는 두려움, 남들의 눈에 노출되지 않을까 하는 두려움, 뭔가 가치 있는 일을 하지 못하는 두려움, 그렇지 않아도 충분히 복잡한 세상에 '소음'을 하나 더하는 것 아닌가 하는 두려움, 많은 시간을 낭비하고 있다는 두려움, 이미 퇴색해버린 꿈에 집착하는 두려움, 작가의 면모를 갖추지 못한 두려움, 너무 늦어버린 것이 아닐까 하는 두려움, 권태에 빠지지 않을까 하는 두려움,……. 앞서도 말씀드렸듯이 왜 그런 두려움을 가지게 되었는지, 어떻게 하면 극복할 수 있는지 알지 못합니다. 내가 다시 글을 쓰고 싶어 한다는 것은 알아요. 글을 쓰려는 충동은 있지만 일기나 기사, 고객에게 보내는 전자우편을 쓸 때 말고는 애써 그 충동을 외면하고 있습니다. 그럴 때마다 속이 뒤집히곤 하죠. 결국은 그것이 온갖 실존적 절망으로까지 이어지고 맙니다.

최소 목표

1 한 주에 세 번, 한 번에 한 시간씩 창의적인 글쓰기를 시도한다. 최종 결과물에 연연하기보다는 우선 막다른 골목을 빠져나가는 데 전념하자.

2 지금까지 써놓은 그림책을 검토, 수정하고 적당한 시장이 있는지 조사하는 일에 주당 한두 시간을 투자한다.

3 스크리브너Scrivener 사용법을 배운다.

4 최근에 자료 조사를 시작한 기사를 마무리한다.(일과 관련이 있건 없건 일단 마무리.)

5 비즈니스 웹사이트의 내 블로그를 다시 열고 매주 글을 올린다.

6 5분짜리 영화를 만든다.

그 밖에도 여러 가지가 있지만 제일 마음에 드는 목표는 역시 1번

이네요. :)

두 달 안에 달성할 최고 목표는 뉴베리 상을 수상하고 영화화되어 아카데미 상을 받을 소설을 완성하는 것입니다. :) 사실은 그 소설의 초벌 원고라도 마무리할 수 있으면 더 이상 바랄 게 없겠어요.

—— **마리사**

- 정말 여러 가지 프로젝트를 구상하고 계시는군요. 하지만 이럴 때일수록 목표를 단순하게 잡거나 적절한 수준으로 조정하는 것이 중요합니다. 일단 그 소설을 써서 출간하는 데 전념하는 게 어떨까요? 문장 두어 개로 그 소설 내용을 설명할 수 있겠습니까? 어떤 독자층을 겨냥한 작품인가요?
  둘째, 무보수로 고객을 돕거나 시어머니를 돌보는 일과 같이, 이제부터 완전히 중단하거나 비중을 크게 줄이려고 생각하는 일들을 몇 가지 꼽아보세요. 어떻게 해야 그런 일을 중단하거나 줄일 수 있을 것인지도 생각해보시고요. 그런 생각을 어떻게, 누구에게 표현하면 될 것 같습니까?

우와. 나는 선생님이 '일주일에 세 차례 이상 반드시 글을 쓴다' 하는 식의 과제를 내줄 거라고 생각했어요. 소설을 마무리해보라고 하시니 더 겁이 나네요. 일정표에 적힌 온갖 복잡한 일을 할 때만큼이나 다양한 생각과 감정이 분출하는 느낌입니다. :)

정리해보면 이렇습니다.

소설

여성과 요리책의 역사를 다룬 교양서를 읽고 완전히 매료되었어요. 그 저자들은 여성들이 요리책의 여백에다 자기 삶의 편린을 적어놓는 경우가 많다고 썼더군요. 내 소설은 기본적으로 청소년을 대상으로 하지만, 모든 연령대의 여성 독자들에게 설득력을 발휘할 수 있다고 생각합니다.

열두 살 소녀 지니는 할머니 댁에서 여름을 보내게 됩니다. 새로 일자리를 구한 엄마가 직장 생활과 자녀 양육에다 친정어머니와의 관계까지 겹쳐 너무 힘든 나머지 지니를 할머니 댁으로 보내버린 거예요. 그래서 지니는 잔뜩 화가 났고, 할머니 역시 그녀를 보살펴야 하는 상황이 마음에 안 들죠. 지니는 할머니에게서 무슨 요리를 하라는 지시를 받고 쩔쩔매다가 우연히 오래된 요리책을 한 권 발견하는데, 이 책의 여백에 글자가 빼곡히 적혀 있습니다. 지니는 그 책에 적힌 요리들을 하나하나 만들어보며 집안 여자들에 얽힌 역사를 깨우칩니다.

그만둘 일들

이 대목이 진짜 힘드네요…….

1 시어머니를 정기적으로 찾아뵙기는 하겠지만 한 달에 두 번, 어쩌면 한 번만 가겠다고 말씀드릴 생각입니다.

2 동거인이 자기 어머니와의 관계를 어떻게 생각하건 그건 그 사람 자유지만, 이제부터는 내가 감당해야 할 책임의 경계와 수위 역시 내 의지에 따라 결정할 겁니다.

3 시어머니가 적절한 도움과 보살핌을 받을 수 있도록 도와드리겠지만, 그 책임을 전적으로 내가 떠맡지는 않을 생각입니다.

4 모든 전자우편과 전화에 즉각적으로 대처할 게 아니라 여유를 갖고 내 나름대로 페이스를 조절할 생각입니다. 어디선가 연락이 온다고 바로 처리하려고 애쓰다 보면 정작 해야 할 일을 하지 못하는 경우가 많이 생기기 때문입니다.

5 내가 원하지 않는 일에 100퍼센트를 투자할 것이 아니라 제일 중요한 일(이를테면 글쓰기, 수면, 운동, 비즈니스 등)을 먼저 처리할 생각입니다.

6 고객 관리를 위한 편지는 앞으로도 계속 쓰겠지만, 그 편지가 퓰리처 상을 받을 만큼 뛰어난 에세이일 필요는 없다는 사실을 깨달았습니다.(진짜 글은 다른 데서 써도 되니까요.)

7 고객들에게 지나치게 잘해주려고 애쓸 필요는 없다는 사실을 명심하려 합니다. 물론 잘해주는 것은 좋지만, 그것도 나 자신의 조급증이 아니라 관대함에서 나와야 한다고 생각합니다.

o 좋습니다, 아주 좋아요! 이제 매일 소설에만 신경을 쓰면 되겠군요. 매일 '진짜 시간'을 투자하고, 지금 하고 있지 않은 일은 하지 않도록 유의하면 되겠어요. 앞으로 2주 동안 어떤 일이 벌어지는지 두고 봅시다.

실행 보고서

구체적으로, 진짜로 할 것!

지금까지의 경과는 대략 이렇습니다.

첫 주

지난번 경험 때문에 출발을 서두르지 않으려고 노력하면서 15일부터 진지한 마음으로 첫발을 떼어보았어요.

7월 15일(월) 하루 종일 고민을 거듭한 끝에 메모를 몇 개 하고 시간표를 짰어요.

7월 16일(화) 이날도 하루 종일 마음을 다잡으려 노력했어요. 시간표에는 7시부터 9시까지 글을 쓰는 것으로 되어 있었거든요. 드디어 책상에 앉아 9시 30분까지 집중했어요. 지난번에 소설을 쓸 때 어땠는지를 떠올려보려고 종일 노력했던 것 같아요. 글쓰기 강좌를 수강할 때였는데, '다음 수업 시간까지 5페이지 쓰기'라는 형식으로 진행되었거든요. 이번에는 인물과 배경 설정에 주력했어요. 이게 좋은 방법인지 아닌지 잘 모르겠습니다. '외적'인 부분에 사고가 분산되는 느낌이었어요. 컴퓨터 말고 손으로 쓰는 건 어떨까요?

7월 17일(수) 한 시간 안에 한 장면을 완성하기로 계획을 세웠습니다. 분량으로 치면 5페이지쯤 될까요?! 시간제한을 두어야 좋을지 단어 수를 가지고 따져야 좋을지 잘 모르겠어요. 하지만 실제로 해보니 엄청난 피로감이 몰려왔어요. 정말 피로해서 그런 건지, 아니면 두려움 때문에 더 피로하게 느껴지는 건지 잘 모르겠어요.(저녁을 먹고 나니 그냥 자고 싶은 생각밖에 안 들더라고요.) 아무래도 나는 진짜 글을 쓰는 것보다 글쓰기에 대한 글을 쓰는 게 더 편한 것 아닌지……. 이번 프로젝트는 지금까지 시도해본 무엇보다도 복잡해요. 어떻게 진행해야 할지 확신이 서지 않습니다. 매일같이 그것만 생각하고 있어요. 마음이 자꾸 조급해집니다.

7월 18일(목) 글을 많이 쓰지는 못했지만 요가와 명상을 좀 했더니 기분이 훨씬 좋아졌어요. 자꾸만 아이디어가 떠오릅니다. 구조와 탐사 사이에서 갈등을 거듭하고 있어요. 아무래도 전자 쪽으로 기울 것 같네요.

나중에 이 소설의 시간 흐름이 복잡해질 때를 대비해 전체적인 뼈대를 구성해보고 싶은데, 글을 쓰는 동안 꿈꾸는 듯한 황홀경으로 빠져들지는 못하고 있어요.(뼈대를 구성하는 것만으로는 그런 느낌이 들지 않나 봅니다.) 그렇다 보니 점점 겁이 나고, 장면도 뒤죽박죽이에요.

이 과정에서 두 가지를 깨달았어요. ① 일단 전체 뼈대를 구성해야 하기 때문에 지금은 세부 '장면'들을 구상하는 것이 별다른 도움이 되지 않는 것 같습니다. 결과적으로 닭이 먼저냐, 달걀이 먼저냐 하는 고민만 되풀이되고 있네요. 싫기도 하지만 내가 원하는 요소들을 생각하면 당연한 현상인 것 같기도 합니다. ② 마음이 조급하면 쉽게 기가 죽는 경우가 많은 것 같습니다. 일단 매일 최대한 '주의'를 기울이며 어떻게 되는지 두고 봐야겠어요.

7월 19일(금) 오늘은 아무것도 안 했습니다. 대신 영감을 얻는 데 도움이 된다는 『Eat My Words』라는 책을 좀 훑어보기로 했어요. 이 책을 한 번도 제대로 읽은 적이 없기 때문에 혹시 정말로 좋은 영감이라도 떠오를지 기대해봅니다.

7월 20일(토) 오늘도 아무것도 안 했습니다. 시기가 별로 좋지 않은 것 같아요.

7월 21일(일) 『Eat My Words』를 메모까지 해가며 읽기 시작했습니다. 상당히 흥분되는 느낌입니다. 아이디어가 떠오르기 시작했어요!

둘째 주

월요일 기사를 쓰려고 자료 조사를 할 때와 느낌이 비슷합니다. 아이디어가 떠오르고 그것들이 서로 연결되기 시작하면서 마음이 설렙니다.

화요일 자료 조사는 잘 진행되고 있어요. (아직은) 어디론가 도망가고 싶은 느낌은 들지 않네요. 메모를 훑어보니 구조와 관련된 강력한 아이디어들이 떠오릅니다.

수요일 『Eat My Words』를 다 읽었습니다. 각 챕터에 관련된 역사적 배경을 좀 조사해야 할 것 같은데, 한편으로는 굳이 하지 않아도(또는 집필과 동시에 진행해도) 괜찮을 것 같아요.

알게 된 사실들

1 요가와 명상처럼 나 자신을 다스리기 위해 투자하는 시간은 현실 도피가 아니라 마음을 가라앉히고 글쓰기에 전념할 분위기를 만드는 데 아주 효과적입니다.

2 자료 조사 역시 도피 수단이 아니라 오히려 더욱 몰두하는 계기로 작용할 수 있습니다. 내가 하고 있는 일에 대한 열정을 되살리는 수단이 되기도 하고요.

3 시간을 정해두는 것이 바람직하기는 하지만, 그러기 위해서는 각 시간에 할 일을 확실하게 할당해야 할 것 같습니다. 지금도 조급한 마음을 못 가눠 아무것도 하지 않고 두 시간을 그냥 보낼 때가 많아요. 이런 경우를 줄이기 위해서는 구체적인 목표를 미리 정해두어야 할 것 같습니다.

4 실제로는 하루 종일 아무것도 쓰지 못한 날이라 해도 계속 스토리를 구상하고 그 장면 속으로 빠져들 수 있으면 기분은 그리 나쁘지 않습니다. 이런 상상만으로도 글쓰기에 대한 두려움을 없애고 기대감을 높일 수 있으니까요.

5 매일 소설을 쓰는 데 전념하고 '진짜 시간'을 투자하라는 선생님의 제안이 지난 2주 동안 제일 큰 도움이 되었던 것 같습니다. 자꾸 마음이 급해지면 선생님의 그 제안을 상기하는 것으로 위안을

얻을 수 있었으니까요. 덕분에 실질적인 집필은 물론 집필을 준비하는 과정까지도 즐거운 경험으로 받아들이게 되었습니다.(나 역시 다른 많은 사람들과 마찬가지로 나 자신을 혐오하고 비난하는 내면의 목소리에 익숙한데, 이런 것들은 별로 도움이 되지 않습니다.)

아직 뚜렷하게 내세울 만한 글을 쓰지는 못했지만, 이런 깨우침은 앞으로 집필 과정에 큰 도움이 될 거라고 생각합니다.

- 이제 정말로 소설을 써보세요. :) 만약 그러기 위해서 세 시간 동안 꼼짝도 하지 않고, 아무 데도 가지 않고, 완전히 피곤에 절어서 인생과 나에 대한 증오를 곱씹으며 머리칼을 쥐어뜯어야 한다면, 그렇게라도 해보세요. 어떤 대가를 치르더라도 진득하게 자리에 앉아 소설 쓰는 방법을 배워야 하니까요. 물론 그러기에는 아직 때가 너무 이르고 좀 더 아이디어를 숙성시켜야 하는 경우라면 이야기가 달라지겠지만 말입니다.
  지금쯤이면 이제 숙성 과정을 충분히 거쳤으니 텅 빈 모니터를, 그 끔찍한 공허함을 정면으로 마주해야 할 때라고 스스로에게 말할 수 있으면 좋겠습니다. 하지만 그 전에 앞으로 3주를 어떻게 활용할 것인지를 결정해야 합니다. 글쓰기에 도움이 되는 뭔가를 할 것인가, 아니면 정말로 머리칼을 쥐어뜯으며 글을 쓸 것인가를 말입니다. 물론 나라면 후자에 한 표를 던지겠습니다.

마리사는 과연 소설 쓸 준비가 되어 있을까? 여러분도 그녀의 후속 보고를 확인하고 싶지 않은가? 어떻게 되었을 것 같은가? 과연 그녀는 도전을 받아들이고 소설을 쓰기 시작했을까, 아니면 아직도 주변을 서성이고 있을까, 그것도 아니면 어디론가 도망쳐버렸을까? 당신이라면 마리사가 이 세 가지에서 어느 하나를 선택했을 때, 어떤 후속 조치를 취할 것인가?

6

나아간다 싶다가도 자꾸 원점으로

소설가 지망생

어떤 소설은 작가가 쓰기 시작한 순간부터
또렷하게 자신의 모습을 드러낸다.
대부분의 소설은 그렇지 않다. 대부분의 경우,
작가는 몇 년에 걸쳐 다섯 걸음 앞으로 나아갔다가
아홉 걸음을 후진해 원점으로 돌아오는
롤러코스터를 수없이 경험해야 한다.
처음부터 그런 사태가 생길 줄 알았다면,
그래도 그 롤러코스터에 몸을 맡겼을까?
아마도…… 그랬을 것이다.

: 첫 50페이지 마무리가 숙제 :

나는 기업 이미지와 브랜드 가치 제고를 전문으로 하는 그래픽 디자이너입니다. 이 일을 할 때는 수입이 꽤 괜찮은 편이었지요. 지금은 그렇지 못한 이유를 말하자면, 25년 동안 전력투구하다가 4년 전 이 일에서 손을 뗐기 때문입니다. 그 뒤로는 자신을 되돌아보는 시간을 갖기 위해 프랑스와 영국 등을 여행했습니다.

사실은 소설을 한 권 쓰기 시작했습니다. 말하자면 이것이 나의 주된 새 프로젝트인 셈이지요. 목표를 아주 높게 잡은 탓에 몇 번이나 수정을 거듭했습니다.(분량으로만 따지면 벌써 소설 몇 권은 썼을 겁니다.) 처음 3장까지를 어느 출판사에 보냈더니, 아주 마음에 든다고 답장이 왔더군요. 솔직히 조금 당황스러웠습니다. 석 달 동안 한 줄도 쓰지 못하다가 다시 시작해봤지만, 여전히 자신감이 생기지 않았습니다. 최근 들어서야 겨우 그래픽 디자인을 할 때만큼의 자신감을 회복한 참입니다.

지금은 어떻게든 이 소설을 마무리하는 것이 숙제입니다. 에이전트가 상당히 적극적인 태도를 보이고 있습니다. 첫 50페이지를 앞으로 2주 안에 끝내야 한다고 하네요. 나머지 원고도 대충 써놓기는 했지만 아직 정리가 되지 않아서 시제나 시점 등을 많이 손봐야 합니다. 일단 첫 50페이지만 제대로 마무리되면 나머지도 저절로 풀릴 거라고 스스로 위로하고 있습니다. 하지만 이 50페이지를 제대로 마무리하기가 만만치 않네요. 새로 쓴 작품이기는 한데 예전에 써놓은 원고를 그냥 버리자니 너무 아깝다는 생각도 들고요.

: 이왕이면 제대로 하고 싶은 마음에 :

나는 글을 쓸 때 가장 중요한 것이 다음과 같은 점들이라고 생각합니다.

1 자아를 없앤다.

2 일관된 시점을 유지하고 불필요한 개작을 피한다.

3 지나치게 현란한 묘사나 문장을 다듬는다. 아무래도 나는 운문 체질에 가까운 것 같다. 시를 쓰겠다고 마음먹으면 커다란 창의성을 발휘할 수 있는데, 소설 쪽으로 오면 그게 잘 되지 않는다. 때로는 글을 쓰는 사람이 누구인지 명쾌하지 않은 경우가 있다. 이 문제를 어떻게 해결해야 할지 아직 뚜렷한 전략이 서지 않는다.

4 이 소설에 이미 들인 돈이나 시간에 대해서는 개의치 않으려 한다.

5 이 소설은 우리 가족사에 토대를 둔 실화다. 나중에 정식으로 출간되었을 때 우리 가족이 어떤 반응을 보일지에 대해서는 걱정하지 말자고 마음을 다잡지만, 가끔 신경이 쓰일 때가 있다.

목표는 10만 단어가량으로 이루어진 원고를 마무리하는 것입니다. 분량은 중요하지 않지만, 스토리의 각 부분이 얼마나 유기적으로 연관되느냐 하는 문제가 중요할 것 같습니다. 또 하나, 이왕이면 강력한 에이전트와 함께하고 싶습니다. 그냥 평범한 에이전트가 아닌, 최고의 에이전트와 손을 잡을 수 있으면 좋겠습니다. 그렇게 생각하니 사람들한테 쉽게 접근하기가 어렵네요. 내게 기회가 와서, 상대가 절대 거부하지 못할 원고를 보내고 싶습니다. 나로서는 직업 자체를 완전히 바꾸는 셈인데, 이 일로도 먹고살기에 부족함이 없는 돈을 벌어야 하겠지요. 돈 때문에 글을 쓰는 것은 아니지만 그런 생각도 완전히 떨칠 수는 없습니다.

—— **잭**

○ 조금 더 구체적으로 말씀해주시겠습니까? 편집자는 당신의 소설 세 챕터가 마음에 들었는데 당신 마음에는 들지 않았다는 뜻인가요? 어떻게 그런 일이 가능한지 잘 이해가 가지 않는군요. :)
이왕이면 다음과 같은 부분들에 대해서도 설명을 부탁드립니다. 당신은 최고의 에이전트를 원한다고 했는데, 다른 한편으로는 어떻게든 원고를 마무리하고 싶다고도 했습니다. 그것은 다시 말해서 그 당시에는 본인 작품이 그렇게까지 뛰어나지는 않아도 괜찮다고 생각했다는 뜻입니까? 마무리를 한다는 말은 (아무리 오래 걸려도) 뛰어난 작품이 탄생할 때까지 포기하지 않겠다는 뜻인가요? 앞으로 몇 주, 혹은 몇 달 동안 당신이 실제로 어떤 목표와 야심을 이루고 싶은지 설명해주시기 바랍니다.

내 생각을 더 구체적으로 표현하지 못한 이유는 아마도 상당히 혼란스럽기 때문인 듯합니다. 자리에 앉아서 글을 쓰거나 편집을 하려고 하면 그때마다 매번 내가 무엇을 하고 있나 하는 회의가 생깁니다. 아무래도 목표를 향해 직선으로 달려가지 못하는 느낌이네요.

굳이 말하자면 이렇습니다. 나는 내 소설이 최고의 명작이 되기를 원합니다. 500년 후에도 독자들의 사랑을 받을 수 있는 명작 말입니다. 이 소설을 마무리하기 위해서는 어떤 일도 마다하지 않을 생각입니다. 같이 일할 에이전트만 찾을 수 있다면 조금 불완전하더라도 원고를 보내보고 싶습니다.

비행기를 타고 프랑크푸르트 도서전을 찾아갔습니다. 전시 부스를 둘러보며 마음에 드는 사람을 찾는데 마침 어느 출판업자가 눈에 띄더군요.(사실은 그 출판사 부스의 색상과 취향과 규모가 내 눈길을 끌었습니다.) 그 출판사의 북미 지역 판권 담당자와 대화를 나눈 끝에 런던의 정상급 편집자를 한 명 소개받았습니다. 그래서 출판계의 관행과는 달리 에이전트를 통하지 않고 직접 그녀에게 내 원고의 처음 세 챕터를 보냈지요. 그녀는 그 원고를 부하 직원에게 넘겼을 겁니다.

그때까지 써둔 원고는 세 챕터가 전부였고, 소설 집필은 처음이다 보니 어떻게든 원고를 마무리해보려고 발버둥 치는 상황이었지요. 나에게는 상당히 힘에 겨운 일이었습니다. 그래서 출판사의 조언에 따라 에이전트 세 명과 접촉했습니다. 한 명은 내 글이 마음에 들기는 하지만 유명 작가들하고만 거래하기로 얼마 전 결정한 상태라며 난색을 표했고, 다른 두 사람은 끝내 연락이 없더군요. 길을 잃어버린 느낌, 나 혼자 고립된 느낌이었습니다. 출판사에 전화를 걸어 상의하려고 했더니, 나에게 편지를 쓴 그 사람을 한 번도 들어본 적이 없다는 것이었습니다. 결국 나 같은 정체불명의 작가는 상대하지 않겠다는 이야기였습니다.

젠장. 그때부터 나는 일단 원고부터 마무리해놓고 정말로 유능한 에이전트를 찾아보기로 마음먹었습니다. 2년 동안 적지 않은 노력을 기울인 끝에 원고를 약간 수정해 어느 기성 작가에게 보냈더니, 그는 내 작품의 시점이 왔다 갔다 한다며(맙소사, 그건 사실이었습니다) 요즘 에이전트와 편집자들은 3인칭을 좋아하지 않으니 1인칭으로 바꾸는 게 좋겠다고 조언하더군요. 그래서 인도로 건너가 40일에 걸쳐 원고를 1인칭으로 수정했습니다. 이 무렵에는 소설이 두 권 분량으로 늘어나 이 원고가 제1권에 해당할 것처럼 보였습니다. 험한 산을 오른 느낌이었습니다. 드디어 초고가 완성되었으니까요.

이 원고를 에이전트에게 보내기 전에 지인이 텔레비전 방송 작가를 한 사람 소개해주었습니다. 그 작가는 내 원고를 진지하게 검토한 끝에, 이런 작품이라면 3인칭 시점이 되어야 한다고 조언하더군요. 그녀는 또 이 소설은 두 권이 아닌 한 권 분량으로 마무리해야 하고, 초고에 등장하는 인물들 가운데 제자리를 찾지 못한 이들이 있으며, 나 자신이 내 작품을 누구보다 잘 알고 있어야 한다는 등의 조언을 들려주었습니다.

그때까지 그렇게 면밀한 조언은 들어본 적이 없어서 마음을 굳게 먹고 원고를 고쳐보았습니다. 이쯤 되면 작품을 완전히 뜯어고쳐야 할지도 모른다는 뜻인데, 꼭 필요하다면 그렇게라도 하려고 마음먹었지요. 아무튼 그녀는 새로 고친 도입부를 무척 마음에 들어 했습니다. 아주 감동적이라고 칭찬하더군요. 그렇게 되니 나는 다시 원점으로 돌아갈 수밖에 없었습니다. 처음 세 챕터를 완전히 뜯어고치기에 이른 겁니다. 지금은 염두에 두고 있는 에이전트에게 원고를 보내기 전에 다시 한 번 검토하고 있는 중입니다.

이제는 나 스스로 내 작품에 대해 판단을 내릴 수 있겠다는 자신감이 생깁니다. 예전에 써둔 초고를 훑어보면서 이렇게 쓰면 안 되겠구나

하는 깨달음을 얻을 때도 있고요. 하지만 다른 한편으로는 소설 한 편 쓰는 데 이렇게 오랜 시간을 투자하고도 여전히 온갖 오류와 적절하지 못한 문장들이 남아 있다는 점에 대해 좌절감을 느끼기도 합니다. 원고를 소리 내어 읽어보니 오류를 바로잡는 데 도움이 되더군요.

현재 내 목표는 이렇습니다. 우선 처음 세 챕터가 마음에 들 때까지 다듬은 뒤 에이전트에게 보낼 생각입니다. 그 다음에는 자신감을 가지고 최대한 빨리 대충이라도 초고를 마무리해서 누가 보여달라고 하면 즉시 보낼 수 있도록 준비해야겠지요. 물론 퇴짜를 맞을지도 모르지만, 죽이 되건 밥이 되건 일단 마무리를 해야겠습니다. 그 다음부터 어떤 삶을 살지는 그때 가서 생각해야겠지요. 정말 길고 고된 여정이 아닐 수 없네요. 이러다가 혈압이 높아지는 것 아닌지 모르겠습니다.

- 많은 도움이 되었습니다. 수레를 말 앞에 매다는 것이 아닌지 걱정스럽군요. '처음 세 챕터를 완벽하게 다듬는' 작업은 포기하는 것이 좋겠습니다. 그보다는 지금 당신이 할 수 있는 최선을 다해 좋은 작품을 끝까지 마무리하는 데 전념하는 쪽이 낫지 않을까요? 일단 책을 써보십시오. '최대한 빨리 대충' 초고를 마무리하겠다는 생각은 그리 좋은 계획이 아닙니다. 처음 세 챕터를 에이전트에게 넘긴 상태에서 나머지 분량을 서둘러 채운다는 생각으로는 좋은 작품이 나오기 어렵습니다. 지금은 이를 악물고 작품을 써야 할 시점입니다. 동의하신다면 앞으로 2주 동안 오로지 그 생각에만 집중하시기 바랍니다. 매일 꾸준히, 제대로 된 작품을 쓰기 위해 노

력하는 일 말입니다.

실행 보고서

내가 아닌 내 작품이 되고 싶은 것에 귀 기울이기

가장 중요한 문제는 역시 구성인 것 같습니다. 시점과 시간의 순서를 정하는 문제 말입니다. 이런 기본 문제로 돌아가 뼈대부터 새롭게 수정해야 하는 현실이 오히려 신기하게 느껴질 지경입니다. 무엇보다도 내가 주인공이라고 생각했던 인물의 시점이 더 이상 설 자리를 찾지 못한다는 사실이 충격적이네요. 덕분에 나름대로 흡족하게 생각했던 3만 5,000단어 분량의 글이 휴지통으로 들어가게 되었습니다. 안타까운 일이지만 어쩔 수 없지요. 이제 이야기의 중심축이 조금 더 명확해졌으니 지금까지 써놓았던 글은 필요가 없을 것 같습니다.

지금은 나 자신의 의지를 개입시키기보다는 작품 그 자체의 요구를 따르기 위해 노력하고 있습니다. 2주 동안의 셀프 코칭을 돌아보면, 나 자신에게 질문을 던지고 그 질문에 답하는 과정이 이어졌던 듯합니다. 글을 쓰는 것은 곧 내 글에 책임을 지는 것임을 깨달았기 때문입니다. 이 프로젝트를 성공적으로 수행하는 데 가장 큰 걸림돌은 바로 나 자신의 자아였습니다. 좋은 작품을 쓰지 못할 거라는 두려움, 작품을 끝내 마무리하지 못할 것이라는 두려움, 실패에 대한 두려움, 뭔가 생산적인 일을 하고 있지 못하다는 두려움이 내 발목을 잡았던 것 같습니다.

2주가 지난 지금, 나는 어디까지 와 있을까요? 가야 할 길은 여전히 멀기만 하고, 지금까지 쓴 글 가운데 상당 부분은 단순한 준비 과정에 지나지 않다는 사실을 깨달았습니다. 전체적인 구성과 그 중요성을 제대로 인식하지 못한 상태에서 성급하게 글을 쓰기 시작했고, 나름대로 준비가 되었다고 생각했던 부분조차도 실제로는 그렇지 못했다는 생각도 듭니다.(이 작품의 핵심이 무엇인지 나 자신도 명확히 알지 못했던 것 같습니다.) 안타까운 일이지만 여기 오기까지 너무나 긴 세월이 흘렀음을 인정하지 않을 수 없습니다. 진작 이런 사실을 깨달았더라면 3년 가까운 시간을 절약할 수 있었을 텐데 말입니다. 내가 무엇이 되고 싶은가가 아니라, 내 작품이 어떤 이야기가 되고 싶은지에 더욱 귀를 기울여야겠습니다.

- 고생이 많으시군요! 이제는 정말로 정상 궤도에 올라섰기를 간절히 기원합니다. 앞으로 3주도 같은 맥락에서 좋은 작품을 끝까지 써보는 노력으로 채워봅시다.

이 이야기를 들으니 갑자기 두통이나 복통이 밀려오지 않는가? 잭이 드디어 정상 궤도로 올라섰는지, 아니면 여전히 험한 풍랑 속을 헤매고 있는지 궁금하지 않은가? 그가 이미 써두었던 상당한 분량의 글을 휴지통에 버릴 수밖에 없었다면, 그 글을 다시 읽는 순간 갑자기 그 가치가 사라졌다고 느꼈기 때문이 아닐까? 이토록 힘든 과정을 거쳤으니 앞으로는 좀 더 순탄한 나날이 이어

지거나 최소한 결과에 대한 보장이라도 있으면 좋으련만, 실제로는 꼭 그렇지도 않다는 점을 염두에 두어야 한다.

7

남들의 평가를 지나치게 의식한다

아마추어 가수

전 세계 구석구석에서 수많은 예술가들이 활동하고 있다.
볼리비아의 산 속에서, 우간다의 시골 마을에서,
이번 사례처럼 네덜란드 시골 마을에서,
많은 예술가들이 악기를 연습하고 캔버스를 수놓고 시를 쓴다.
환경이 열악하다는 이유만으로 그들이 꿈을 포기해야 할까?
꼭 그렇지는 않다.
뉴욕에 사는 사람만 빌리 홀리데이가 되기를
꿈꿔야 한다는 법은 어디에도 없다.

: 나를 향한 시선들 :

나는 주로 재즈와 블루스를 부르고, 3년 전 피아노를 배우기 시작했습니다. 올해 예순한 살이고, 노래를 배우기 시작한 지는 15년 정도 되었네요. 그 전에는 레코드를 틀어놓고 혼자 노래를 불렀어요. 열아홉 살 때 독립생활을 시작하면서 줄곧 그렇게 해왔습니다.

다른 연주자들과 함께 음악을 하고 싶은 마음은 몹시 간절했지만, 연주나 노래 실력에 자신이 없어 늘 창피한 마음이 앞섰습니다. 오랜 세월 동안 레코드를 따라 부르고 멋진 가수들의 노래를 들으며 부러움과 무력감에 사로잡히곤 했지요. 그러다가 1982년부터 테너 색소폰을 연주했어요. 그러고 나니 청중과 나 사이에 좀 더 유대감이 생기는 느낌이었습니다.

비록 아마추어지만 열심히 연습도 하고, 워크숍에 참석하거나 아마추어 밴드에 가입해 활동하기도 했습니다. 하지만 만족감은 그리 크지 않았어요. 결국 실의에 빠져 색소폰 연주를 그만두었습니다. 내가 진정으로 원하는 것은 노래였거든요. 암스테르담에 살다가 시골로 이사를 가서 아주 멋진 노래 선생님을 만나게 되었습니다. 그분에게서 노래를 배웠지요.

하지만 여전히 불안감은 사라지지 않았고, 무대에 올라 사람들을 마주하는 것이 두려웠습니다. 경쟁과 칭찬과 평가가 모두 두려웠고, 그래서 워크숍에서 만난 동료나 선생님들에게서 인정받는 것을 최고의 목표로 생각했습니다. 돌아보면 당시에는 나의 이런 감정을 두려움이나 불안감으로 규정하지 못했던 것 같습니다. 나의 재능을 알아본 누가 나타나 나를 관리하고 보호해주기를 기다렸으니까요.

내 재능을 충분히 발휘하지 못하는 느낌이었습니다. 스포트라이트를 받으며 무대에 서서 눈을 똑바로 뜨고 청중을 마주하는 상황 자체가 두렵기도 했고요. 하지만 선생님들은 나의 이런 고민을 눈여겨보지 않았습니다. 그렇다고 내 입으로 먼저 꺼내기도 힘들었죠. 그러다가 몇 년 전 메이젤 선생님의 책과 코칭 트레이닝에 힘입어 조금씩 현실을 자각하기 시작했습니다. 과정 전체를, 더 큰 그림을 바라보려고 노력하니 내 창의성을 가로막는 요인들, 내가 감당하지 않으면 안 되는 책임들, 내 역량을 최대한 이끌어내기 위해 나에게 주어지는 과제들이 눈에 들어오더군요.

: 자긍심을 갖고 재능을 펼치고 싶어요 :

지금 가장 큰 숙제는 내적 변화를 통해 가수로서의 나 자신을 조금 더 존중하는 일입니다. 어떤 사람들은 이것을 '자신에 대한 신념'이라고 표현하지만, 나는 그냥 자긍심이라고 불러도 충분하다고 생각합니다. 다른 한편으로는 최고의 역량을 이끌어내는 방법을 익히고 그에 따르는 어려움도 견뎌낼 수 있어야 하겠지요. 다른 사람들이 나에게 기대하는 최고가 아니라, 나 스스로 인정할 수 있는 경지까지만 오르면 좋겠습니다. 그러기 위해서는 누구에게 어떤 칭찬이나 비판을 들어도, 설령 우스갯거리가 된다 하더라도 흔들리지 않아야 하고, 혼란스러운 일상생활의 덫도 슬기롭게 피해 가야 할 것 같습니다.

무엇보다도 진정한 나 자신을 찾아야 합니다. 창의적 인간으로서의 나를 이해해야 하고, 창의적 본능을 채우기 위해 매일 무엇을 해야 하는지도 이해해야 합니다. 지금까지 진정한 자신을 찾기 위해서는 다른 사람들의 사랑이 필요하다고 생각해왔으니, 그런 목표를 이루기 위해서는 사고방식부터 바꾸어야겠지요. 누구보다도 나 자신을 먼저 사랑해야 하니까요.

최소 목표는 자긍심을 확인하고 가수로서의 재능을 온전히 발휘해 훌륭한 가수이자 뮤지션이 될 수 있도록 일상을 확립하는 일입니다. 부르고 싶은 노래를, 나만의 방법과 템포, 나만의 목소리로 부르는 자유를 누리고 싶어요. 궁극적인 목표는 완전히 독창적인 노래를 부를 수 있게 되는 것입니다. 그러고 나면 나를 음악 시장에 내놓고 스스로의 힘으로 콘서트를 조직할 수도 있겠지요. 그런 과정을 포기하지 않고 끝까지 계속하며 이 험한 세상을 견뎌낼 생각입니다.

—— **리니아**

- 생각하시는 궁극적인 목표는 최소 목표로 수정되어야 할 것 같습니다. 자긍심을 확보하는 방법이 실제로는 궁극적인 목표를 구성하는 요소들과 일치하니까 말입니다. 그렇게 생각하지 않으세요? 그것은 다시 말해 당신이 열거한 자유를 갖는다는 뜻이기도 하지만, 동시에 당신이 부를 노래를 선택하고 그것을 연습하고 공연할 장소를 찾음으로써 비로소 그 자유가 모습을 드러낸다는 뜻도 됩니다. 이렇게 '최소 목표'와 '궁극적인 목표'가 병행되어야 한다는 생각에 동의하시는지 궁금합니다.

소중한 제안을 해주셔서 정말 고맙습니다. 궁극적인 목표와 최소한의 목표를 합친다고 생각하니 조금 겁이 나는군요. 이런 커다란 도약을 앞두고 약간의 융통성이 있었으면 좋겠다 싶지만, 역시 선생님 말씀이 옳은 것 같습니다. 실질적인 목표를 세워야 자긍심과 자유를 찾을 수 있을 테니까요.

○ 좋습니다. 이제 앞으로 2주 동안 아주 뚜렷한 목표를 가지게 되었군요. 매일 꾸준히 목표를 향해 나아가시기 바랍니다.

실행 보고서

내 재능을 긍정하는 험난한 과정

7월 8일(월) 목표에 접근하기 위해 매일 할 일 목록을 만들었습니다.

매일 할 일

- 연습할 노래를 매일 한 곡씩 선택한다.
- 코드와 멜로디, 손가락 위치 등을 공부한다.
- 노래와 연주를 동시에 연습한다.
- 연습 과정을 녹음해 다시 들어본다.
- 공연장 주소를 찾아내어 기존의 데이터베이스에 추가한다.

7월 9일(화) 하루 계획을 실천에 옮기기 시작했습니다. 첫 곡으로 〈Come Rain or Come Shine〉을 선택했습니다. 목록에 적은 대로 하루에 한 곡만 연습했습니다. 이어서 연습한 노래를 녹음해서 들어보았어요. 제일 먼저 든 생각은 상당히 실망스럽다는 점이었습니다. 빌리 홀리데이 같은 노래와 연주를 기대했는데(음, 엘라 피츠제럴드의 노래여도 괜찮은데) 전혀 기대에 못 미치더군요. 너무 실망스러웠어요. 이런 실망감과 함께 내면의 목소리가 나에게 말하는 것을 들으니, 눈이 번쩍 뜨이는 느낌이었습니다. 어떻게 해야 그런 경지에 도달할 수 있을까요?

크게 심호흡을 하고 다시 한 번 들어보았습니다. 두 번 세 번 되풀이해 들어본 다음에야 비로소 그것이 나의 노래임을 받아들일 수 있었습니다. 그러고 나니 기분이 조금 좋아졌어요. 조금도 달라지지 않은, 달라질 수도 없는 나의 노래를 찾아낸 느낌이었습니다.

제대로 분석을 해보았습니다. 마음에 드는 부분이 어디인가? 키보드 연주는 마음에 드나? 파워 코드를 좀 더 많이 이용하면 어떨까? 작은 음들은 적당한 자리에 들어갔는가? 어떤 부분이 좋았고 어떤 부분은 변화를 시도해야 할까? 노래를 조금 더 밝은 느낌으로 부를 수 없었을까? 템포가 너무 느리지 않았나? 조금 더 빠르게 불러보면 어떨까?

7월 10일(수) 할 일 목록을 조금 수정해야 했습니다. 한 곡을 이틀 동안 연습하는 것으로 말입니다. 노래와 연주를 숙성시키기 위해 조금 더 시간이 필요하다고 판단했기 때문입니다. 변화를 시도해볼 시간도 필요했고요. 솔로 뮤지션으로서의 내 연주와 노래를 있는 그대로 인정하는 것이 가장 중요할 듯합니다.

7월 15일(월) 두 번째 노래를 연습하고 있는데, 몇 가지 짚고 넘어갈 부분이 있습니다.

나는 생각이 명료하지 않은 경우가 많은 것 같습니다. 내 감정이나 대인 관계에 대한 집착도 심하고, 걱정도 많은 편입니다. 의식의 수면 밑으로 소음에 가까운 잡념들, 이미지의 편린, 과거 기억 따위가 빠르게 돌아다닙니다. 이 점을 깨달은 이상, 어떻게든 바꿔보고 싶었습니다. 결론은 뇌를 좀 더 적극적으로 활용해야 한다는 점이었어요. 그렇게 하면 더 체계적이고 목적 지향적인 하루하루를 살아갈 수 있을 테니까요.

보고 만나고 듣는 모든 것을 그대로 받아들여서는 안 된다는 결론을 내렸습니다. 줄곧 그렇게 살아왔으니, 나로서는 아주 커다란 변화를 시도하는 셈입니다. 접하는 모든 것들을 개인적인 맥락으로 받아들이면, 내가 원하는 방향에서 점점 더 멀어질 뿐이라는 사실을 깨달았습니다. 그렇게 되면 원하지 않는 혼돈과 광기의 세계로 들어갈 수밖에 없습니다.

나는 음악만 들으면 바로 악보를 그려낼 수 있기 때문에 다른 사람들도 다 그런 줄 알았습니다. 음, 꼭 그렇지는 않더군요. 덕분에 나에게 소중한 재능이 있다는 사실을 깨달았습니다. 그러니 그 재능을 더욱 존중하고 살찌우기 위해 노력해야겠지요. 나의 재능은 나만의 방식, 나만의 템포, 나만의 의식을 통해 발휘될 때 그 아름다움이 극대화될 것입니다.

7월 17일(수) 내 노래를 더 발전시키기 위해 살아 있는 롤 모델을 찾아보기로 했습니다. 내 마음속에는 오래전부터 가수로서, 뮤지션으로서, 일상에서 보여주는 모습과 무대 위 모습을 가릴 것 없이 빌리 홀리데이와 엘라 피츠제럴드가 깊숙이 자리 잡고 있습니다. 그들은 나에게 마르지 않는 거대한 영감의 원천이었습니다. 그들을 진심으로 사랑하며, 그들에게서 정말 많은 것들을 배웠습니다.

하지만 세상은 변했습니다. 음악 산업도, 공연과 청중도 변했죠. 나에게는 좀 더 현대적인 롤 모델이 필요합니다. 그래서 선택한 인물이 바로 그레천 팔라토Gretchen Parlato입니다. 그녀의 노래를 들을 때마다 감탄을 금할 길이 없습니다. 가사와 소리를 전달하는 방식이 정말 놀랍습니다. 그녀는 완전히 자신의 음악에 집중하고 몰입해 눈을 감고 노래를 부릅니다. 동시에 청중과 감정적으로 교감하는 방법도 알고 있습니다. 그녀 덕분에 나도 무대에 설 때 더욱 힘을 얻습니다. 그녀처럼 되고 싶다는 것이 아니라, 그런 존재감을 배우고 싶을 뿐입니다. 어떤 면에서 그녀는 내가 자신을 예능인이 아닌 가수로 인정해야 한다는 사실을 가르쳐주었습니다.

7월 18일(목) 아르바이트로 남의 집들을 청소하는 일을 하고 있습니다. 청소하는 동안 노래를 부릅니다. 서너 시간가량 일을 하다 보면 정신적 자유를 만끽하며 노래 부를 수 있는 시간이 있습니다. 자기 검열 따위를 고민할 필요 없이 온전히 나에게만 집중할 수 있습니다. 다른 곳에서 노래할 때도 그런 상태를 기억하도록 나 자신을 가르칠 생각입니다. 그것은 끊임없이 움직여야 한다는 사실과도 연관됩니다. 내 노래와 일정한 거리를 둘 필요도 있고 말입니다.

몇 년 전부터 아주 조그만 시골 마을에서 살고 있습니다. 사람들과 관계를 맺고 공동 관심사를 찾으려고 나름대로 노력을 많이 기울였지요. 하지만 나는 이 사회에서 언제나 혼자일 뿐입니다. 끊임없이 온갖 소문에 시달리거나 무시당하고 따돌림을 당했습니다. 등 뒤에서 욕하거나 조롱하는 사람들, 모욕적인 별명을 붙여놓고 자기들끼리 킬킬거리는 사람들도 많습니다. 내 또래 사람들은 나만 보면 한심한 여자라고 놀리거나 비웃습니다. 나보다 젊은 사람들도 내 모습을 두고 온갖 부정적인 말을 서슴지 않습니다. 나를 적대시하는 분위기는 굉장히 노골적이기까지 합니다.

내 나름대로 이런 상황에 대처하는 방법을 터득하기까지는 아주 오랜 시간이 걸렸습니다. 정신적인 자유를 되찾는 데 도움이 되는 책도 많이 읽었습니다. 자유는 다른 누구에게 의지하기보다는 스스로 찾아야 하는 것이었습니다. 내가 창의적인 인간이라는 점을 확인하기 위해서라도 그런 깨달음이 필요했습니다. 그렇습니다, 나는 가수입니다. 이것은 나의 창의성에 대한 긍정입니다. 그렇게 생각하면 마음이 조금 가벼워집니다. 자부심도 느낄 수 있습니다. 덕분에 이런 상황 속에서도 똑바로 서 있을 수 있습니다. 목표에 대한 집중력도 생기고, 어디서든 편안한 마음으로 본연의 모습을 잃지 않는 데 도움이 됩니다.

7월 19일(금) 오늘은 친구에게 마음을 열고 내가 이 작은 마을에서 겪고 있는 힘든 시간들에 대해서 편지를 썼습니다. 무거운 짐을 내려놓은 느낌입니다. 더 이상 내가 살아가는 방식에 대해 죄책감을 느끼지 않습니다. 주변에 사람들은 많이 없지만, 대신 내 인생은 음악으로 채워져 있습니다. 나는 음악을 선택했고, 목표를 이루기 위해 노력합니다. 모든 것을 가질 수는 없다는 것을 깨달았습니다.

7월 22일(월) 이 일지를 쓰는 마지막 날입니다. 평가를 해보자면, 매일 해야 할 일들을 매일 하지 못했습니다. 동기부여가 충분히 되는 날이 매일같이 이어지지는 못했습니다. 조급한 마음을 떨쳐버리려고 나름대로 애를 써보았지만, 나의 가능성에 확신을 가질 수가 없었습니다. 바깥세상과의 충돌이 더없이 부정적이고 비판적으로 다가옵니다. 내 나이, 외모, 자세, 심지어는 운전 습관에 대해서까지, 사람들의 부정적인 반응을 보고 듣고 느낍니다.

이런 무력감이 며칠째 이어졌습니다. 그렇지만 며칠 전부터 바깥세상에서 비롯한 모든 부정적인 영향을 무시하기로 마음먹었습니다. 한 사람의 성인으로서, 나를 적대시하는 사람들을 무시하기로 결심한 것입니다. 이런 결심을 실행에 옮기는 것도 쉬운 일은 아닙니다. 아무래도 목표를 달성하기가 어려울 것 같습니다.

- 당신은 정말 아름답고 중요한 일을 시작했습니다. 처음 며칠 동안은 그 일에 충실하려고 많은 노력을 기울인 것 같은데, 그 다음부터는 의심과 분노, 실망과 피로, 초조하고 조급한 마음이 서로 뒤엉켜 결국 원했던 결과에 도달하지 못한 느낌입니다.
  물론 지금까지도 충분히 잘해오셨다고 생각하지만, 앞으로 3주 동안 아무리 반발심이 생기고 마음이 가라앉더라도 매일, 꾸준히 스스로 가장 중요하다고 생각하는 일을 하도록 노력해보세요. 노래를 통해 이루고 싶은 것을 이루고 마을 사람들과 어울리며 보란 듯이 살아가기 위해서는 그런 노력을 절대 포기하면 안 됩니다.
부디 처음 며칠 동안의 마음을 되살려 자신의 의심, 목소리, 처한 상황, 그 모든 것과 당당하게 맞서보기 바랍니다.

뉴욕의 다락방에 살며 스타벅스에서 아침을 시작하는 예술가가 있는가 하면, 유럽의 조그만 마을에 살며 남의 집 청소로 하루를 시작하는 예술가도 있다. 그들이 같은 꿈, 같은 영혼, 같은 영감을 가질 수도 있겠지만, 조그만 시골 마을이라면 그만큼 많은 제약이 따른다는 사실도 외면할 수 없다. 창의적 인간의 삶은 시간만큼이나 장소에 많은 영향을 받는다. 누구도 자신이 사는 곳의 현실을 부정할 수는 없기 때문이다.

8

원고가 또 퇴짜 맞을까 봐 두렵다

소설가 지망생

시장은 지뢰밭이다. 그러나 마냥 피할 수는 없다.
진짜 전쟁터에서와 마찬가지로, 앞으로 나아가기 위해서는
그 지뢰밭과 협상을 해야 한다.
예술가는 비판과 거절, 무례하고 공정하지 못한 대접,
비열하고 자기중심적인 적군, 파벌과 인맥, 길거나 짧은 기억력,
그다지 유쾌하지도, 정의롭지도 못한 그 밖의
모든 현실을 상대로 협상을 벌여야 한다.
물론 당신의 작품이 수준에 미달될 가능성도 언제나 존재한다.
예술을 취미로 생각하는 사람이라면 예술품 시장이란
천국과 다름없다는 입장을 내놓을지도 모른다.
그러나 그보다는 일반적인 다른 시장과 다름없다는 입장을
내놓는 사람들이 훨씬 더 많을 것이다.

: 죽기 전에 남기고 싶은 것 :

나는 글쓰기 강좌의 동기생들이 만든 미스터리 창작 모임에 합류한 1992년부터 미스터리 소설을 쓰고 있습니다. 아니, 쓰려고 노력하고 있다고 해야 더 정확한 표현이겠군요. 이 모임의 회원들 중에는 이미 작품

을 출간한 사람들도 있고 특히 두 사람은 상당한 판매 부수를 기록하기도 했지만, 나는 아직 정식으로 작품을 발표한 적이 없습니다.

몇몇 미스터리 잡지에 나 스스로 꽤 잘 썼다고 생각하는 단편을 하나 보내봤는데 거절당했습니다. 90년대 초에 미스터리 소설을 한 권 탈고하기도 했지만 에이전트나 출판사에는 보내지 않았습니다.(원고에 장점은 여럿 있지만 출판하기에는 적절하지 않다고 생각했기 때문입니다.) 지금은 몇 년 전부터 씨름해온 또 다른 미스터리 소설의 초고가 완성되어가는 단계입니다.

이 소설 두 권을 쓰는 사이에 다른 작품도 몇 권 시도를 했는데, 마무리 짓지는 못했습니다. 처음부터 골격을 만들어놓고 집필을 시도하는 스타일이 아니기는 하지만, 마무리가 잘 안 되는 문제는 딱히 옆길로 자주 새기 때문만은 아닌 듯합니다. 항상 전체 줄거리에 신경을 쓰니까요. 중간에 포기하는 이유는 내 글솜씨에 대해서, 혹은 쓰고 있는 작품에 대해서 자신감이 없기 때문입니다.

그래도 글쓰기는 내게 큰 의미가 있기 때문에 그만둘 수가 없습니다. 지금 쓰고 있는 소설은 2011년 초에 암 선고를 받은 뒤부터 정성을 기울이기 시작했습니다. 우울증에서 벗어나는 데 도움이 되더군요. 죽기 전에 뭔가 남기고 싶다는 욕심이 좋은 동기로 작용하기도 했고요. 지금은 당장 죽을 것처럼 보이지는 않지만, 2년 전에는 상당히 상황이 급박했지요.

: 자신감을 키워 짜릿한 결과물을 :

현재 내 고민 하나는 지금 쓰고 있는 원고를 출판이 가능한 형태로 다듬는 것입니다. 그러기 위해서는 자신감을 키워야 합니다. 실제로 원고를 팔려고 하기 시작하면 고민이 더욱 깊어지겠지요. 원래부터 나 자신을 파는 일에는 재주가 없는 편이지만, 아무리 빨라도 두 달 안에 벌어질 상황은 아니니 이번 셀프 코칭 기간 동안 마케팅 문제는 생각하지 않아도 될 것 같습니다.

나는 원래 글 쓰는 과정을 좋아하지 않는다는 점도 말씀드려야 할 것 같네요. 그런데도 계속 글을 쓰는 이유는 그 결과물을 좋아하기 때문입니다. '이걸 정말로 내가 썼단 말이야?' 하는 짜릿한 기분 때문에 과정의 고통을 견디는 셈이지요. 아무튼 이런 과정의 고통 역시 해결해야 할 숙제 가운데 하나인데, 앞으로 점점 나아질 거라고 믿습니다.

향후 두 달 동안의 목표는 지금 쓰고 있는 소설의 초고를 완성하고 (한 주 정도면 되지 않을까 싶습니다) 1차 수정을 최대한 많이 진행하는 것입니다. 이왕이면 1차 수정을 완전히 끝낼 수 있으면 좋겠습니다.

—— **미리엄**

- 지금 쓰고 있는 미스터리의 초고가 한 주 정도면 끝난다는 말씀이지요? 그러고 나면 어떻게 할 생각입니까? 아무래도 초고인 만큼, 다시 한 번 꼼꼼하게 읽어보고 필요한 부분을 수정한 다음, 출간 여부를 알아보실 겁니까? 아니면 어떤 식으로든 조금 더 시간

을 끌고 싶습니까? 만약 그렇게 된다면, 그 원인은 무엇이라고 생각합니까? 시장의 반응을 마주할 엄두가 나지 않는 것일까요? 이 부분을 조금 더 신중하게 생각해볼 필요가 있을 듯합니다.

맞습니다. 미스터리 소설의 초고가 거의 마무리돼가는 상황입니다. 수요일 밤에 소설의 결말을 지인들에게 읽혀보았는데, 그들의 견해를 참고해 하루 이틀 정도 수정을 한 다음, 나머지 부분도 손을 볼 생각입니다. 일관성이 떨어지는 부분을 몇 군데 손봐야 하고, 가능하면 분량도 대폭 줄이고 싶습니다. 첫 소설 치고는 너무 길다는 지적을 받았거든요.(현재 약 11만 단어입니다.)

수정 작업이 끝나면 에이전트를 구해볼 생각입니다. 만약 불필요하게 시간을 끌게 되면 그 원인은 에이전트나 출판사에 원고를 보냈다가 퇴짜를 맞을까 봐 두렵기 때문일 겁니다.(자비 출판을 할 수도 있겠지만, 그 전에 시장의 반응을 한 번쯤 살펴볼 필요도 있다고 생각합니다. 출판사를 끼지 못하면 마케팅이 더욱 힘들어질 테니까요.)

예전에 단편소설을 어느 출판사에 보냈다가 지극히 무성의하고 형식적인 거절 편지를 받고는 얼마나 낙담을 했는지 모릅니다. 이번에도 비슷한 결과로 이어질 가능성이 없지 않지만, 그렇다고 해서 반드시 내 작품에 대한 자신감을 잃을 필요는 없다고 생각합니다. 내가 아는 어떤 사람은 40~50명의 에이전트에게 퇴짜를 맞은 끝에야 겨우 작품을 출간했는데, 독자 반응은 상당히 뜨거운 편이었습니다. 나는 그렇게까지 집요하게 에이전트를 찾을 자신이 없습니다. 한두 군데서 퇴짜를 맞으면 바로 포기해버릴 것 같아요.

제일 큰 고민은 아무래도 내가 쓴 글이 대중에게 다가갈 수 있을까 하는 점입니다. 나는 성격이 몹시 내성적이고 수줍음이 많으며, 조금은 지적이고 학구적인 편입니다. 행동보다는 내면에 더 관심이 많고, 보통 사람들과는 달리 추상적인 분야(철학, 수학, 컴퓨터 프로그래밍, 세금 계산 등)를 좋아합니다. 두 달 동안의 셀프 코칭 기간 동안 내 원고가 팔리지 않으면 낙담이 크겠지만, 선생님의 조언이라면 무엇이든 환영합니다.

- 잘 알겠습니다. 앞으로 2주 동안 초고를 마무리하고, 그 다음에는 수정 작업을 시작할 예정이로군요. 아무리 의구심이 들고 반발심이 생겨도 매일같이 상당한 시간을 바로 그 일에 전념하시기 바랍니다.

  또 한 가지 할 일은 비판과 퇴짜에 대한 사고방식을 완전히 바꾸는 것입니다. 그 두 가지를 완전히 새로운 마음가짐으로 받아들여야 합니다. 두려워서 원고를 누구에게 보여주지도 않고 포기한다면, 심하게 말해서 그것은 범죄 행위나 다를 바 없습니다. 기성 작가들도 평생을 살면서 수없이 퇴짜를 맞습니다. 그래서 드리는 말씀인데, 앞으로 2주 동안 매일 조금씩 시간을 내어 얼굴에 철판을 까는 연습을 해보시기 바랍니다. 방법은 스스로 찾아보시고요.

실행 보고서

거절에 대비하는 나의 자세

우선, 전반적인 계획을 약간 수정했다는 말씀을 드리고 싶습니다. 원고 수정을 완전히 마무리하기 전에 일단 에이전트에게 기획안을 보내기로 했습니다. 혹시 에이전트의 요구가 있을지 모르니 1장부터 3장까지와 결말 부분을 완벽하게 다듬어놓고, 전체적인 시놉시스까지 만들어둘 생각입니다.

그 다음에는 에이전트를 어떻게 구하는지 알아보고 기획안을 작성해서 되도록 많은 에이전트에게 보내놓고 결과를 기다려야겠지요. 남은 셀프 코칭 기간에는 시놉시스와 기획안을 완성해서 적절한 에이전트의 명단을 만드는 작업을 시작할 수 있으면 좋겠습니다.

두 번째로, 지난 2주 동안 이 소설의 결말에 대한 수정 작업을 마쳤고, 도입부도 약간 손을 봤습니다. 총 39장 가운데 31장까지는 시놉시스 초안도 만들었습니다. 원고뿐만 아니라 이런 준비 과정 역시 아주 마음에 듭니다.

제일 중요한 것은 집필 시작과 완료 사이에 각 챕터에서 수정이 필요한 부분을 일목요연하게 정리했다는 점입니다. 이 작업은 4장부터 31장까지 마무리되었습니다. 이제 모두 여덟 장에 대한 수정 계획을 세우고 시놉시스를 쓰면 됩니다.

셋째, 퇴짜를 맞으면 어떻게 할 것인지에 대해 생각을 많이 했습니다. 솔직히 말씀드리면, 지난번 편지에 쓴 것만큼 내가 마음이 여리지만은 않습니다.(원래 나 자신을 설명할 때는 제일 안 좋은 면만 부각하는 버릇이 있거든요.) 그래도 한 번쯤은 마음가짐을 돌아볼 필요가 있을 것 같습니다.

어떤 면에서는 앞에서 언급한 계획 수정 역시 거절에 대한 두려움과 맞서는 내 나름의 대책 가운데 하나입니다. 원래는 원고 전체를 1차로 수정해서 몇몇 독자들에게 읽혀본 다음, 2차 수정을 마무리한 뒤에 에이전트를 찾아볼 생각이었습니다. 선생님께는 내가 에이전트에게 접근하기 전에 1차 수정 원고를 읽혀보고 싶은 지인들이 있다는 말씀을 드리지 않았는데, 어쩌면 이 과정 때문에 일정이 조금 지연될지도 모르겠습니다. 그들이 원고를 읽는 데 시간이 걸리고, 그러다 보면 부정적인 반응이 나올 수 있고 그럼 다시 수정할 필요가 생길 테니까요. 1차 수정에도 만만치 않은 시간이 걸릴 것 같습니다. 다시 한 번 원고를 읽어보니 고칠 부분이 꽤 많이 보이더군요.

새로운 계획을 따르다 보면 수정 작업이 비교적 빨리 마무리될 것이고, 에이전트에게서 금방 회신이 오지 않으면(혹은 지극히 형식적인 거절 편지가 오면) 나는 '에이전트가 전체 원고를 보내라고 하기 전에 수정할 시간이 더 생겼으니 차라리 다행이다'라고 생각할 것입니다.(원고가 정말 내 마음에 들기 때문에 틀림없이 전체 원고를 보고 싶어 하는 에이전트가 나설 거라고 생각합니다.) 설령 아주 오랫동안 아무 데서도 반응이 오지 않는다 해도 기다리는 동안 몇몇 사람들에게 원고를 읽혀볼 생각입니다. 그렇게 하면 '기획안을 잘못 써서 망쳤어'라거나 '이 에이전트들은 답장을 보낼 가치도 없다고 생각하나 봐' 혹은 '관심을 보이는 사람이 아무도 없으니 출간을 포기해야겠어'라는 식의 부정적인 생각을 예방할 수 있을 것 같습니다.

나 스스로 내가 한 일을 사랑하는 것은 여러 모로 큰 도움이 됩니다. 나는 결과 지향적인 사람이고, 특히 끝이 보이기 시작하면 더욱 힘을 내서 순식간에 마무리를 할 수 있습니다.(물론 그렇다고 해서 일을 대충대충 처리하는 성격은 아닙니다.)

마지막으로 에릭, 혹시 기획안을 어떻게 쓰는 것이 좋은지, 혹은 유능한 에이전트들의 명단을 뽑는 일에 대해 조언을 좀 들려주실 수 있는지요? 시간이 많지 않으니 장문의 답장은 기대하지 않지만, 선생님이라면 이런 문제에 대한 정보가 많을 테니 생각나는 대로 몇 가지 아이디어를 주시면 감사하겠습니다.

- 정말 훌륭합니다. 이 원고에 대한 당신의 열정이 충분히 느껴지는 좋은 계획을 세우셨군요. 앞으로 3주 동안에도 같은 맥락에서 최선의 노력을 기울이시기 바랍니다. 당신이 부탁한 정보에 대해서는 유감스럽게도 별로 아는 바가 없지만 인터넷을 검색해보면 이런 문제에 대한 조언들을 얼마든지 찾을 수 있을 겁니다. 특히 로맨스 소설을 쓰는 작가들이 시놉시스나 기획안 작성의 전문가인 경우가 많습니다. 인내심을 가지고 검색하면 많은 정보를 찾을 수 있을 텐데, 어쩌면 그 가운데 상당수는 서로 다른 이야기를 하고 있을지도 모르겠네요. :) 부디 지금과 같은 열정을 계속 이어가기를 빕니다.

한두 번 거절을 당했다고 시장에 나서기를 아예 포기해버리는 사람들도 있다. 설령 수없는 비판과 퇴짜 역시 과정의 일부임을 인정하기로 마음을 고쳐먹는다 해도, 첫 번째 상처가 저절로 치유되지는 않는다. 유난히 굴욕적인 퇴짜를 맞으면 그것으로 모든 게 끝일까? 염두에 두었던 에이전트나 편집자에게서 거절을 당하면 1년 정도는 고통에 시달리며 아무것도 못하는 게 정상일까? 제발 그러지 않았으면 좋겠다. 자신이 비판과 거절에 노출되어 있다는 사실을 아는 현명한 예술가라면 빨리 상처를 치유하고 일상으로 돌아갈 준비가 되어 있어야 한다.

9

다른 일들 때문에 글쓰기는 뒷전으로 밀린다

작가·출판인

창의적인 사람은 남을 돕고, 봉사하고, 치유하는 일에
앞장서기를 좋아하는 경우가 많다. 마찬가지로,
창의적인 사람이 자기 자신에 머무르기보다는
남을 돕는 일에 더 익숙한 경우도 흔히 찾아볼 수 있다.
그런 사람들이 남을 배려하는 만큼이나
자신에게도 관심을 기울이도록 유도하는 게
코치로서 내 역할이다.

: 창작에 대한 강박 :

나는 1990년부터 주로 문학잡지에 글을 써왔습니다. 그 사이에 좀 시시한 책을 한 권 출판했고, 매니토바 작가협회를 통해 만난 선생님과 함께 소설을 쓰기 위한 준비 작업에 돌입했습니다. 그림을 그려서 주위 사람들에게 나눠주기도 했습니다. 내 책을 출판하는 일을 별로 어렵게 느끼지 않았고, 같이 글 쓰는 동료들에게서도 많은 도움을 받았습니다.

이후로 내 관심은 힐링과 완전식품 요리, 그리고 샤머니즘 쪽으로 뻗어나갔습니다. 5년 동안 후나 케인Huna Kane, 레이키Reiki, 신경언어학NLP

등으로 훈련을 받았고, 몇 년 전 비소설을 집필하기 시작해 책을 내기도 했습니다. 돌아보면 열심히 글을 쓴 시기도 있고 그렇지 못한 시기도 있지만 그것 자체에 대해서는 별로 불만이 없습니다. 글을 쓰지 않을 때도 내가 하고 싶은 일을 한 셈이니까요.

문제는 뭔가를 창작하지 않을 때는 진정으로 살아 있는 느낌이 들지 않는다는 점입니다. 언제나 뭔가를 빠뜨리고 살아가는 느낌이며, 그래서 그런지 다른 일을 하면서 맛볼 수도 있을 즐거움을 빼앗긴 기분입니다. 풀타임으로 출판 일을 하며 여러 방법으로 창의성을 발휘할 수는 있지만, 뭔가 생산적이고 창의적인 일을 하지 않으면 충분히 의미 있는 삶을 살지 못하는 느낌에 사로잡히곤 합니다. 글쓰기 워크숍에서 학생들을 가르치고, 최근에는 하루 만에 책 한 권 쓰기 등의 워크숍을 개발하기도 했습니다. 학생들에게 창의성을 계발하는 방법을 가르치는 셈인데, 실은 나 자신에게도 그런 가르침이 필요한 형편입니다.

: 정작 중요한 작업을 할 시간이 부족해요 :

현재 1년 넘게 보리얼Boreal 3부작을 집필하고 있고(1권은 이미 출판되었습니다), 시간 날 때마다 예전에 써둔 어린이 대상 원고를 수정하고 있으며, 또 다른 어린이 책을 구상하고 있고 인어와 고양이 그림을 그리기도 하지만, 어떤 것도 완전히 마무리하진 못했습니다.

지난주에 어느 저자의 출판기념회에 갔다가 그녀와 나 사이에 큰 차이가 있다는 생각이 들었습니다. 그녀는 자신의 창의적인 삶을 진지하게 받아들이고 있는 반면, 나는 그렇지 못하다는 점이죠. 그런 점을 바꾸고 싶습니다. 지난주에 친구랑 EMDR[안구운동 민감 소실 및 재처리 요법. 눈동자를 움직여 심리를 치료하는 정신치료 방법-옮긴이]에 다녀온 다음부터 다른 사람들을 돕는 일보다는 나 자신이 창의성을 발휘할 공간을 마련하는 일에 치중하게 된 것 같아 보람을 느낍니다.

현재 나의 가장 큰 고민은 내가 해야 할 일들이 너무 사소하고 중요하지 않은 것들이고 거기에 투자할 수 있는 시간도 그리 많지 않다는 점입니다. 사실은 할 일을 제때 처리하지 못하고 미루는 것이 더 큰 문제겠지요. 나는 대체로 자신을 그렇게까지 박하게 평가하는 쪽은 아니지만, 여기에 대해서만큼은 할 말이 없네요.

앞으로 두 달 동안 최소 목표는 보리얼 3부작을 마무리하는 것입니다. 최고의 목표는 남극을 탐험한 어니스트 새클턴 이야기를 가지고 리더십을 다루는 어린이 책 『어니와 대시』를 쓰는 것입니다.

—— **아네트**

- 중요한 일에 대해서 고민이 많다고 하셨는데, 보리얼 3부작이라는 것이 무엇입니까? 독자는 누구입니까? 그것이 당신과 다른 사람들에게 중요한 의미를 갖는다고 생각합니까? 당신이 말하는 중요한 글과 그렇지 않은 글이 무엇을 의미하는지 궁금합니다. 그것이 어떤 글을 쓸지 말지를 결정하는 가장 중요한 열쇠가 될 테니까요.

3년째 몇몇 화가들과 함께 '보리얼리티Boreality'라는 이름의 프로젝트를 진행하고 있습니다. 그동안 보리얼 지역을 네 차례 여행했고, 그곳에 사는 사람들도 만났습니다. 그 결과 매니토바 실내 교향악단의 연주회가 개최되었고, 〈프레리 파이어〉라는 잡지에 보리얼을 배경으로 한 글의 특집이 게재되었습니다.

이 프로젝트에 참여하면서 내가 여덟 살, 열여섯 살, 스무 살 세 차례에 걸쳐 보리얼 지역에 살았던 경험을 토대로 허구를 아주 약간 덧붙인 글을 쓰기로 마음먹었습니다. 주로 풍경 사이의 연관성(바위/나무, 물/보리얼 인어, 땅/양육)을 다루는 3부작이죠. 1부는 〈보리얼 이슈〉를 통해 발표되었습니다.

독자 반응은 아주 좋은 편이고, 그래서 더 이 프로젝트를 중요하게 생각합니다. 물론 그렇지 못한 일도 있습니다. 직장 일 외에도 몇 가지 일을 하다 보면 창작은 언제나 제일 후순위로 밀려버리고 맙니다. 마치 그것이 제일 덜 중요한 일인 것처럼 말입니다. 선생님도 짐작하시겠지만, 그렇다 보니 정작 글을 한 줄도 쓰지 못하는 경우가 많습니다.

출판 일을 하기 때문에 이런저런 자료들을 많이 접하는 편입니다. 때로는 세상에 그렇게 많은 책이 쏟아져 나오는데 굳이 나까지 보탤 필요가 있을까 하는 회의가 일기도 합니다. 정말 뛰어난 작품이 아니라면 노력할 필요조차 없지 않나 하는 생각 말입니다. 대세에 별 영향을 미치지 못하는 평범한 작품도 많으니까요. 물론 가끔 그런 생각이 들 때가 있다는 것이지, 현실이 그렇다는 얘기는 아닙니다.

- 좋습니다. 그렇다면 우선 당신의 생각부터 바꿔놓을 필요가 있겠군요. 그러지 않으면 창작을 통해 의미 있는 기회를 만들어낼 가능성이 없으니까요.

  하루에 몇 번씩 마음속으로, 또는 크게 소리 내어 이렇게 말해보세요. "창의성을 발휘하는 일에 좀 더 신경을 쓰지 않으면 창의적인 삶을 살 수 없다" 혹은 "나에게는 창의성을 발휘하는 일이 가장 중요하다" 혹은 "내가 하는 모든 일에 뚜렷한 목적의식을 가져야 한다." 문장은 직접 만들어도 상관없지만, 설령 온전히 믿지 않는다 해도 끊임없이 자신의 창의성을 고무하고 자극할 수 있는 말이어야 합니다.

  앞으로 2주 동안 매일, 최선을 다해 프로젝트를 진행할 수 있도록 이 방법으로 마음을 잘 가다듬기 바랍니다.

실행 보고서

창의성은 모든 일에 영향을 미친다

덕분에 아주 유익한 2주를 보냈습니다. 정리하면 다음과 같습니다.

한 일

- 처음 한 주 동안 거의 매일 시간을 내어 글을 썼고, 기분도 아주 좋았습니다.

- 보리얼 3부작의 제2부를 마무리하고 3부 집필에 들어갔습니다. 또 펭귄을 화자로 하는 섀클턴의 리더십 이야기를 책으로 쓰기로 마음먹었습니다.
- 창의성을 발휘할 시간을 확보하기 위해 몇 사람의 부탁을 거절했습니다. 쉬운 일이 아니더군요.
- 선생님의 조언에 따라 "나의 창의성은 지극히 독창적이고, 나에게 아주 중요한 의미를 갖는다"라는 문장을 만들었습니다.

결과

첫 주가 지나자 갑자기 자신감이 떨어지면서 그까짓 창의성 따위는 미련 없이 포기해버리는 게 좋겠다는 생각이 또 고개를 들었지만, 처음 있는 일도 아니고 해서 이내 마음을 다잡을 수 있었습니다.

둘째 주에는 일을 쉬었기 때문에 산책을 많이 하면서 혼자 EMDR 시간을 가졌습니다. 문득, 먹고사는 문제나 새로운 인간관계 문제가 확실하게 해결되지 않은 상황에서 창의성 발휘 문제는 뒤로 밀릴 수밖에 없고, 다른 문제들이 해결되기 전까지 창의성 문제는 사치일 뿐이라는 생각이 들었습니다.(그렇다고 먹고사는 문제나 인간관계 문제가 큰 위기에 빠진 것은 아닙니다. 내가 어디로 가고 있는지에 대해 온전한 확신이 없을 뿐이지 그리 나쁜 상태는 아니니까요.)

그러다 보니 나이에 걸맞지 않게 너무 많은 책임을 짊어져야 했던 어린 시절의 아픈 기억이 떠올랐지만, 자가 EMDR(아직 제대로 훈련을 받지 않아서 수준은 많이 떨어집니다)과 산책으로 무난히 마음을 가라앉힐 수 있었습니다. 그때 새로운 생각이 하나 떠올랐습니다. 다른 문제들을 해결하기 위해서 창의성이 필요한 것이지, 그 역의 관계는 성립하지 않는다는 생각 말입니다. 창의성은 다른 모든 일에 영향을 미치고, 궁극적으로는 그 모든 일을 더욱 재미있고 아름답고 가치 있고 편안하게 만들어줍니다.

이제야 창의성이 왜 그렇게 중요한지 알 것 같습니다.

도움이 된 것들

- 지난 2주 동안 정말 큰 도움이 된 것은 비록 직접 만나지는 못해도 선생님이 내 뒤를 든든하게 봐주고 있다는 점이었습니다. 이것은 나에게 아주 중요한 의미를 갖습니다. 내 친구들은 말로는 나의 창의적인 모습을 좋아한다고 하면서도 정작 나더러 집에 들어앉아 작업에 몰두하라고 말해주는 사람은 아무도 없습니다. 그보다는 밖에 나가서 사람들을 돕는 일이 더 낫다고 생각하는 모양입니다.
- 그만 포기하는 게 좋겠다는 생각이 들 때도 매일 꾸준히 작업을 계속했습니다. 일종의 쳇바퀴처럼, 계속 돌리지 않으면 쓰러지고 말 테니까요. 선생님이 기대하신 게 바로 그것인지도 모르지만, 아무튼 내리막이 있으면 반드시 오르막도 있더라고요.
- EMDR과 EFT[신체 일부를 톡톡 치면서 생각을 얘기하고 감정을 치유하는 심리치료법의 하나-옮긴이]도 도움이 되었습니다. 2주가 지나고 보니 내가 처음 시작했던 곳과 정반대쪽에 서 있는 것 같아서 확실히 어떤 장애물이 제거된 느낌입니다.

도움이 되지 않은 것들

내가 시도한 모든 것들은 도움이 되었습니다. 그렇지 못한 예가 하나도 생각나지 않을 정도로 말입니다.

고맙습니다, 에릭! 선생님과 함께할 수 있어서 정말 영광입니다.

- 정말 많은 진전을 이뤘군요! 잘 아시겠지만 앞으로 3주 동안도 매일, 규칙적으로 하던 일을 계속하면 됩니다. 그것 말고도 혹시 3주 동안 목표로 삼을 만한 일이 있는지 모르겠군요. 연락 기다리겠습니다.

우리는 창작이 중요하다고 믿는다. 그러나 다른 한편으로 그렇지 않을 때도 분명 있다. 하루는 전자의 믿음을 가지고 최선의 노력을 기울이다가, 바로 다음 날은 두 손을 들어버리는 경우도 많다. 그 두 가지 믿음은 언제나 우리의 마음속에서 자기 차례가 돌아오기를 기다리고 있다. 두 손을 들려는 유혹에 신경을 곤두세워야 한다. 창작을 포기하는 건 인생을 포기하는 것과 다를 바 없기 때문이다.

10

가르치는 일을 핑계로 창작을 회피한다

교사·화가

예술가들은 예술 활동에 더해 다른 일에 종사하여
간신히 중간 계층의 삶을 유지하는 경우가 많다.
유산이나 저축을 까먹으며 사는 사람, 돈 잘 버는 배우자를 만난 사람도 있지만
낮 동안 고된 노동에 시달리는 사람, 사업을 하는 사람,
상업 예술로 눈을 돌리는 사람,
제2의 직업으로 변호사, 세라피스트, 교사 등의 직업을 구하는 사람도 있다.
이들 모두는 나름대로 어려움이 있다.

: 가르치는 일의 장단점 :

나는 고등학교 때 흑백 펜화를 어느 꽃집의 신문 광고용으로 판매한 것을 시작으로 30년 넘게 그림을 그려왔습니다. 유화와 데생을 각각 전공과 부전공으로 미술학과를 졸업했고, 대학 졸업 후 몇 년간 상업미술 분야에서 일한 뒤 학교로 돌아가 교사 자격증을 취득했으며, 그 뒤 예술을 배우는 가장 좋은 방법은 예술을 가르치는 것이라는 걸 알게 됐습니다. 다양한 학생들을 가르치다 보면 어쩔 수 없이 다양한 각도에서 예술을 공부할 수밖에 없기 때문입니다.

그런데 이는 내 모든 시간을 창작 활동에 쏟아 붓지 못하는 좋은 핑계가 되기도 합니다. 고등학교와 대학교에서 15년 넘게 데생과 유화, 공예, 도예, 미술사 등을 가르쳤고, 그 후 지식 영역을 확장해 컴퓨터 그래픽과 웹 디자인, 멀티미디어와 인터넷 교육까지 두루 섭렵했습니다. 여름에는 여행을 다니며 수채화와 유화를 그렸고, 유명 화랑에서 개인전을 연 것을 필두로 전시회에도 여러 차례 참여했습니다.

그러는 동안 내 작품을 몇 점 판매한 적도 있지만, 주 수입원은 역시 디자인과 상업미술 쪽이었습니다. 그렇다 보니 경제적 어려움에서 자유롭지 못해 좌절감이 밀려들더군요. 학교나 워크숍은 물론 동료 예술가들에게서도 항상 내 작품이 좋은 평가를 받는 편이지만, 그것만으로 경제적 어려움이 해결되지는 않습니다. 지금까지 작품을 팔아본 적이 별로 없어서 과연 그것이 어느 정도의 소득으로 연결되는지조차 잘 알지 못합니다.

: 작품에 몰두하고 판매도 하고 싶어요 :

선생님의 저서와 온라인 워크숍을 통해 예술계에 종사하는 나 자신의 목적의식을 새롭게 발견해야 한다는 점을 배웠고, 내가 무슨 말을 하고 싶은지, 왜 그런 말을 하고 싶은지를 깨달은 것 같아 마음이 한결 가볍습니다. 하지만 다른 한편으로는 그림을 그리지 못하는 핑계를 너무 많이 만들어둔 것 같아서 조금 실망스럽기도 합니다. 그렇게 게으른 편은 아니지만 여러 가지 이유 때문에 선뜻 작업에 몰두하지 못하는 경우가 많고, 특히 몇 가지 좋지 못한 습관마저 몸에 밴 듯합니다. 그나마 술이나 마약이 아닌 책에 중독된 것이 다행이라, Amazon.com이 나를 좋아하는 것도 무리는 아닙니다.

그림을 그리기 위해서는 매일같이 억지로 시간을 짜내야 하고 창의력을 발휘하기 위해 온갖 노력을 기울여야 합니다. 강의를 할 때는 별 문제가 없지만, 감시하는 사람이나 고정 보수가 보장되지 않은 상태에서 내 그림을 그리는 일은 여간 어렵지가 않네요.

최소 목표

1 작품을 만드는 과정 자체를 즐긴다.
2 하루에 4~5시간 이상 작업에 몰두한다.
3 작품을 판매하기 위한 계획을 세운다.

최고 목표

1 작품을 만드는 과정 자체를 즐긴다.
2 하루에 4~5시간 이상 작업에 몰두한다.
3 전시회 일정을 잡는다.
4 웹사이트를 완성하고 소매 사이트를 만든다.
5 중간 이상 크기의 작품을 최소 한 점 이상 판매한다.

—— **클라우디아**

O 작품 만드는 과정을 즐기는 것을 최우선 목표에 올려두셨으니, 우선 질문부터 한 가지 드리고 싶습니다. 정말로 작품 만드는 과정 자체를 즐길 필요가 있나요? 예를 들어 만약 당신이 굉장히 어렵거나 새롭거나 까다로운 작품을 만든다고 하면, 그럴 경우에도 그 과정을 즐기기란 쉬운 일이 아니겠지요. 하지만 그런 노력을 하는 자신이 자랑스럽기는 할 것이고 일단 완성이 되어야 진정한 즐거움을 느낄 수 있지 않을까요?

그래서 드리는 말씀인데, 당신의 첫 번째 목표를 다시 한 번 확인해보시기 바랍니다. 정말로 작품 만드는 과정 자체를 즐길 필요가 있는지, 아니면 작품을 전시하거나 본인의 노력에 대해 자부심을 갖는 쪽으로 목표를 조금 수정하는 것이 낫지 않을지를 말입니다. 어떻게 생각하세요?

재미있는 질문이네요. 무슨 말씀인지는 알겠습니다. 아무리 힘든 작업도 그 자체로 보상이 된다면 작품 만드는 과정이 즐거울 수 있다고 생각합니다. 물론 작품을 완성해서 즐거움을 느끼기도 하지만, 때로는 완성을 향해 한발 더 다가섰다는 사실이 커다란 즐거움을 선사하지요.

아무래도, 작품 만드는 과정은 항상 재미있고 나름대로 보상을 가져다준다는 사실을 잊고 있었던 모양입니다. 작품을 만들어서 팔아야 한다는 부담을 갖기 시작하면, 느긋한 태도로 예술을 대하기가 어려워집니다. 생활비 때문이지요. 젊을 때는 그런 걱정을 할 필요가 없었습니다. 돈을 벌어야 한다는 부담이 별로 없었으니까요. 빚도 없고 과거도 없으면 긍정적인 마음을 갖기가 훨씬 수월합니다.

어제 그림을 그리면서 그 과정을 온전히 즐기고 있다는 사실을 깨달았습니다. 솔직히 붓을 헹구는 일이 조금 귀찮기는 하지만, 이제는 그것조차도 아주 만족스러운 일상의 일부가 된 듯합니다. 연습이 부족한 상태라 최상의 작품이 나오지는 않았지만, 꾸준히 연습을 하면 옛날 실력이 돌아올 거라고 믿습니다.

매일 꾸준히 실행에 옮길 목표를 정하는 것이 중요하다는 견해에 동의합니다. 그래서 2번 목표를 한 단계 올려보았습니다.

목표 1 작품을 만든다.

목표 2 4~6점의 작품을 완성한다.

목표 3 작품 판매 계획을 세운다.

최고 목표

1 하루에 4~5시간 이상 작업에 몰두한다.

2 6~8점의 작품을 완성한다.(유화나 조각)

3 일정이 맞는 화랑 두 군데를 선택해 제안서를 보내거나 보낼 준비를 한다.

4 웹사이트를 완성하고 소매 사이트를 만든다.

5 중간 이상 크기의 작품을 최소 한 점 이상 판매한다.

o 2주 동안의 목표를, (최대한 많은) 작품을 완성하고 마케팅 계획을

짜는 것으로 정해봅시다. 혹시 최고 목표에 항목을 추가하고 싶다면 그렇게 해도 괜찮지만, 최소 목표 단계에서 작품을 완성하고 마케팅 계획을 짜기 시작해야 한다는 점을 명심하세요.

하루 종일 곰곰이 생각해본 결과, 내가 원하는 것은 조금 덜 심각한 작품, 다시 말해서 놀이에 가까운 작품이라는 사실을 깨달았습니다. 앞으로 2주 동안 그다지 진지하지 않은 작품을 시도해볼까 합니다. 물론 작업을 진행하다가 자연스럽게 진지해지면, 그것도 괜찮지만 말입니다.

처음에 말씀드렸던 목표에서 '작품 만드는 과정 자체를 즐긴다'라는 항목을 1번으로 내세우자, 선생님은 꼭 그럴 필요가 있느냐고 반문하셨습니다. 지금 생각하니 스트레스 때문에 작업 과정에 대한 두려움을 안고 있었던 것 같아서, 그런 버릇을 떨쳐버릴 방법, 그러니까 스트레스를 조금이라도 줄일 수 있는 방법을 찾고 싶습니다. 학교에서는 흔히 준비 운동이라는 과정을 거치는데, 아마 이것도 거기에 해당할 것 같습니다.

최소 목표

1 매일 꾸준히 작업에 몰두한다.(준비 운동부터 한다.)

2 4~6점의 작품을 완성한다.

3 작품 판매 계획을 세운다.

최고 목표

1 하루에 4~5시간 이상 작업에 몰두한다.

2 6~8점의 작품을 완성한다.(유화나 조각)

3 일정이 맞는 화랑 두 군데를 선택해 제안서를 보내거나 보낼 준비를 한다.

4 웹사이트를 완성하고 소매 사이트를 만든다.

5 중간 이상 크기의 작품을 최소 한 점 이상, 혹은 소품을 한 세트 이상 판매한다.

○ 좋습니다. 훨씬 명쾌해졌네요. 그럼 앞으로 2주 동안 매일 준비 운동을 하고, 작품을 완성하고, 마케팅 계획을 세우는 일에 초점을 맞춰봅시다. 작품을 만들고 판매하는 두 가지 주요 임무에 최대한 많은 시간을 투자해보세요.

실행 보고서

목표를 고루 채워나가다

목표 1 매일 꾸준히 작업에 몰두한다.

목표 2 4~6점의 작품을 완성한다.

목표 3 작품 판매 계획을 세운다.

목표 1 결과

지난 몇 달간 만든 것보다 많은 작품을 만들기는 했지만 매일 작업에 전념하지는 못했습니다. 5일 동안 새 작품을 준비하고 작업실을 청소하는 등 많은 일을 했습니다. 안타까운 일이지만 이것은 다음 조각 작업을 시작하기 전에 해야 할 일이기도 합니다. 작업은 아주 순조롭게 진행되고 있습니다.

목표 2 결과

2주 사이에 새 작품 석 점(모두 유화)을 완성했고, 다른 작품 석 점을 새로 시작했습니다. 친구와 함께 야외에서 조그만 수채화 두 점과 스케치 몇 점을 그리기도 했습니다. 목표 2에 대한 현재까지의 진행 상황은 아주 만족스럽습니다.

목표 3 결과

우리 분야에서 판매 실적이 뛰어난 동료 화가를 만나 몇 가지 제안을 들었습니다. 그녀는 페이스북을 적극적으로 활용하고 있고, 매일 그림을 그려야 해서 마케팅 쪽에는 특별히 따로 시간을 투자하지 않는다고 하더군요. 뚜렷한 계획이 없고 앞으로도 마찬가지일 텐데, 그런데도 지난 3, 4년 사이에 판매량이 꾸준히 늘고 있답니다. 그녀를 만나 그녀의 웹사이트에 대한 이야기를 들었고, 함께 야외에서 그림을 그리기도 했습니다. 다음 주에 한 번 더 만날 예정입니다.

최고 목표

1 하루에 4~5시간 이상 작업에 몰두한다.

2 6~8점의 작품을 완성한다.(유화나 조각)

3 일정이 맞는 화랑 두 군데를 선택해 제안서를 보내거나 보낼 준비를 한다.

4 웹사이트를 완성하고 소매 사이트를 만든다.

5 중간 이상 크기의 작품을 최소 한 점 이상, 혹은 소품을 한 세트 이상 판매한다.

최고 목표 1 결과

창작을 하지 못한 날에는 작업실을 청소하고, 새 캔버스를 준비하고, 얼마 전 시작한 조각 작업의 계획을 세우는 일에 몰두했습니다. 장비와 물감은 모두 준비되었습니다. 실질적인 작업을 하지 못해 아쉽지만, 돌아보니 2주 동안 정말 많은 일을 한 것 같습니다. 작업실을 준비하고, 친구와 마케팅에 대한 의견을 나누고 함께 그림도 그렸으니까요. 적어도 하루에 두 시간 이상은 예술 활동과 관련된 일을 한 것 같습니다.

매일 작업실을 깔끔하게 정리해두지 않으면 아침에 일어나서 바로 작업을 시작할 수가 없더군요. 그래픽 아트 일을 할 때는 하루 일과를 끝내기 전에 꼭 책상을 정리하곤 했는데, 요즘은 자꾸 게을러져서 작업실 정리에 소홀했던 것 같습니다.

최고 목표 2 결과

잘 진행되고 있습니다. 오늘 조각 작업을 시작할 예정입니다.

최고 목표 3 결과

솔트레이크시티에 있는 화랑에서 답신이 오기를 기다리고 있습니다. 잘되면 좋겠지만, 성과를 거두기 위해서는 더 열심히 일을 해야 할 것 같습니다. 화랑들은 모두 탄탄한 포트폴리오를 요구하기 때문에 조금 더 보완할 부분이 있습니다. 예전에 만든 작품들의 사진과 슬라이드를 정리하고 있고, 슬라이드를 디지털화하기 위해 업체에 보냈습니다.

최고 목표 4 결과

웹사이트를 열기는 했는데 2주 동안 별로 신경을 못 썼습니다. 그나마 페이스북을 검색한 것이 성과라고 하겠습니다.

최고 목표 5 결과

새 병원을 짓고 있는 의사를 찾아가 명함을 주고 작품을 설명했습니다. 전자우편으로 온라인상의 내 작품 링크를 소개하는 등의 후속 조치가 필요할 것 같습니다.

- 정말 많은 일을 했고, 성과도 많았던 것 같네요! 당신도 그렇게 생각하시지요? 앞으로 3주 동안도 비슷한 방식으로 계획을 세우면 무엇을 해야 할지 확실하게 알 수 있으니 더 좋은 성과를 거둘 수

있을 거라고 생각합니다. 그러니 3주간의 목표를 구체적으로 정하고 계획을 세워보세요.

「 때로는 작은 일에도 엄청난 성과를 거두었다고 느끼기도 하고, 아직 갈 길이 멀다고 느낄 때도 있을 것이다. 하지만 그것이 자신에게 어떤 의미인지는 누구보다 자신이 잘 알고 있다. 지금도 좋지만 조금 더 나아갈 것인지, 이 정도면 됐다고 자족하며 멈출 것인지에 대한 답은 늘 자신 안에 있다. 」

11

좋은 가사가 나오지 않아 답답하다

뮤지션

기억에 남을 노래를 한 곡 쓰는 일은 얼마나 어려울까?
만약 그게 그렇게 어렵지 않다면,
왜 모든 전파가 그런 노래들로 채워지지 않을까?
왜 우리가 미친 듯이 사랑하는 노래는
손가락에 꼽을 정도밖에 되지 않을까?
음악 역사를 통틀어 위대한 뮤지컬 악보가 그리 많지 않은 이유는 무엇일까?
도대체 어려운가, 쉬운가?
평균적인 작사가에게 그것은 실망스러우리만치 어려운 일이다.

: 연주곡만 쓰는 작곡가 :

나는 기타 위주의 곡을 쓰고 녹음하는 사람입니다. 주로 블루스 록, 고전적인 록, 프로그레시브 록, 팝, 재즈 등을 다룹니다. 가장 좋아하는 장르는 파워 팝과 프로그레시브 록이지요. 지난 15년 동안 인터넷에 많은 곡을 올렸고(판매용 아닌 공짜 다운로드 사이트), 상당히 좋은 평가를 받았습니다.

내가 느끼는 가장 큰 좌절감 가운데 하나는 내가 만든 음악이 순전히 연주용이라는 사실입니다. 물론 연주도 좋지만, 연주만 있는 록을 즐겨 듣는 사람들은 극히 한정돼 있습니다. 나는 더 많은 사람들에게 내 음악을 알리고 싶고, 그러기 위해서는 멜로디와 가사가 있는 노래가 필요하다고 생각합니다.

솔직히 예전부터 가사 쓰기가 무척 힘들었습니다. 써놓고 보면 너무 어색하고 도무지 노랫말 같지가 않더군요. 그래서 대부분의 경우는 아예 시도도 하지 않습니다. 몇 달에 한 번쯤은 갑자기 창작 욕구가 꿈틀거려서 용감하게 펜을 들어보기도 하지만, 한 번도 뜻대로 된 적이 없습니다. 결국은 그냥 포기하고 시간만 보내지요. 하지만 연주곡 전용 작곡가의 좌절감은 쉽게 사라지지 않습니다.

어렸을 때는 나에게 남다른 음악적 열정이 잠재돼 있으니 틀림없이 음악으로 성공할 수 있을 거라는 막연한 기대감이 있었습니다. 10년 동안 바이올린을 배웠고, 고등학교 때는 비교적 짧은 시간에 기타 실력을 상당한 수준으로 끌어올렸지요. 하지만 대학에 진학한 다음부터 나의 환상은 여지없이 무너지기 시작했습니다.

기타 연주는 물론 전반적인 음악 자체가 생각보다 너무 어려웠습니다. 음악 이론은 마치 수학처럼 보기만 해도 겁이 날 정도였지요. 작곡이나 전자음악 분야에서는 그럭저럭 성적이 나왔지만, 나보다 훨씬 실력이 뛰어나고 이미 많은 성취를 이룬 동료들이 너무 많다 보니 나의 재능에 대한 회의가 생기기 시작하더군요. 아무리 노력해도 그들을 따라잡지 못할 것 같았고, 그러니 음악으로 성공하겠다는 생각도 일찌감치 포기해야 할 것 같았습니다.

영문학과를 졸업하고 독립을 하기 위해 일자리를 구했습니다. 졸업 이후 처음 몇 년 동안은 내가 잘하는 일이 무엇인지, 무엇을 하고 싶은지, 대학원에 진학할 것인지 등을 고민하는 나날이 이어졌습니다. 음악에 대한 열정은 여전해서 취미로 연주와 작곡은 계속했지만 우선순위는 한참 뒤쪽이었습니다. 더 이상 나는 전문 뮤지션이 아니었고, 기껏해야 조금 재주가 있는 아마추어에 지나지 않았습니다. 그렇게 세월이 흘러가다 보니 음악으로 성공해보겠다는 꿈도 점점 빛을 잃어갔습니다.

이후 20년 동안 이따금씩 찾아오는 영감에 힘입어 묵묵히 곡을 만들고 녹음도 했습니다. 그 가운데 몇 곡은 어느 정도 제대로 된 곡의 형태를 띠기도 했지만, 여전히 가사는 붙이지 못했습니다. 나머지는 언젠가 곡으로 진화할 잠재력을 갖추기는 했지만 아직은 고립된 소절에 지나지 않는 파편으로 남았고, 그것들을 한 단계 더 발전시킬 만한 영감도 좀처럼 떠오르지 않았습니다.

: 좋은 가사로 노래를 완성하고 싶어요 :

요즘은 먹고살기 위해 하는 일도 그리 만족스럽지 못해 어떻게 하면 과거의 열정을 되살려 제대로 된 음악을 할 수 있을까 하는 고민을 새로 시작한 참입니다. 금년 봄에는 나의 열정을 존중해야 한다는 사실을 새삼 깨닫고, 그 열정에 따라 일과 생각을 이끌어가기로 마음먹었습니다.

진정으로 나의 마음을 움직이는 음악을 선택해, 그 열정이 더 강력해지고 탄력을 되찾은 느낌입니다.

올 4월부터 거의 하루도 거르지 않고 아침마다 30~60분을 음악에 투자했습니다. 새롭게 쓰기 시작한 곡도 있고, 20년 동안 구상해온 아이디어를 끄집어낸 곡들도 있습니다. 그 가운데 대여섯 곡은 상당히 진척된 상태인데, 석 달 뒤에도 지금의 흥분이 가라앉지 않으면 제대로 가고 있다는 확신을 가질 수 있을 듯합니다. 가사 쓰는 일은 여전히 실망스러운 수준이지만, 꾸준히 노력하다 보면 언젠가 좋은 가사를 쓸 수 있을 거라는 희망을 버리지 않고 있습니다.

지금 가장 큰 고민들은 대략 이러합니다.

- 시간 관리 : 때때로 꼭 해야 하는 일들을 처리하느라 창의성을 발휘할 시간을 놓치는 경우가 있다.
- 집중력, 정신력, 체력의 유지 : 지나친 업무량 때문인지, 아니면 어떤 다른 이유 때문인지는 몰라도 너무 피곤해서 창작의 동력을 상실한 채 예술가로서의 정체성을 의심하는 경우가 있다.
- 작사 문제로 인한 좌절감 극복 : 작사 능력을 계발하기 위한 집중력과 영감을 유지해야 한다.
- 작사 문제에 대한 한 나는 아직도 초보 수준을 벗어나지 못해 여전히 실행 가능한 접근 방법을 찾아보려고 애쓰고 있다. 아이디어에 대한 열정은 있는데, 한두 줄만 쓰고 나면 금세 그 열정이 고갈되어버리는 느낌이다. 언어를 붙잡고 씨름할 때는 합리적인 사고

를 배제한 채 최대한 창의성을 이끌어내는 방법을 찾아야 할 것 같다. 즉흥 연주나 작곡 등의 작업을 할 때는 이런 문제가 발생하지 않는 것으로 미루어, 소리 자체의 마력이 판단력을 넘어서는 것이 아닌가 싶다.

- 그리 현실적인 목표는 아니지만 앞으로 두 달 동안 누구 앞에서도 편안한 마음으로 자랑스럽게 연주할 수 있는 노래를 세 곡 정도 만들었으면 좋겠다.
- 그 노래들을 녹음할 때 도움을 받을 수 있는 전문가들(엔지니어, 프로듀서, 뮤지션 등)을 섭외하고 보수도 고려해야 한다.
- 밴드를 조직해 그 노래들을 연습하고 공연할 수 있도록 준비한다.
- 나와 함께 그 곡들을 간이 무대에서라도 연주할 수 있는 사람을 한 명 정도 섭외할 필요가 있다.

1년 후 목표는 노래 아홉 곡을 완성해 데모 CD 한 장을 채우는 것입니다. 2년 후에는 이 곡들을 정식 CD로 만들어 발표하고 공연을 하는 것입니다.

— **잭슨**

o 내가 놓친 것인지는 모르겠지만 한 가지 빠진 부분이 있는 듯합니다. 노래 부분은 어떻게 되는 거지요? 가사를 만드는 일이 제일 어렵다고 했는데, 만들고 싶은 노래를 본인이 직접 부를 생각인지 어떤지에 대한 언급이 없네요. 만약 직접 부를 거라면 노래(보컬) 파

트와 연주 파트 모두 어려움이 있는 겁니까? 아니면 노래를 만들어서 다른 사람이 부르도록 하겠다는 뜻인가요? 좀 더 명확하게 설명 부탁드립니다.

공연에 대해서 말씀드리자면, 직접 공연을 하고 싶은 것은 사실이지만 리드 보컬을 맡겠다는 것은 아닙니다. 기본 전제는 내 음역(바리톤)에 맞는 멜로디를 만들어서 직접 노래하는 것이지만, 내가 소화하기 힘든 멜로디가 나온다면 다른 사람에게 맡겨야겠지요.

기본적으로는 듣는 이의 심금을 울릴 수 있는 감동적인 노래를 만드는 것이 첫 번째 목표고, 두 번째 목표는 그 노래를 기타로 연주하는 것이며, 직접 노래를 부르는 것은 세 번째 목표 정도가 될 듯합니다.

- 좋습니다. 아직 조금 혼란스러운 부분이 남아 있기는 하지만 그 정도면 된 것 같습니다. 조금 더 단순하게 생각해보는 것은 어떨까요? 매일 노래를 만드는 일에 전념하되, 아무리 많은 시간이 걸리더라도 한 곡을 완성할 때까지 끈질기게 밀어붙이는 겁니다. 한 곡이 완성되면 다음 곡으로 넘어가는 식으로 2주를 채워봅시다. 어때요?

실행 보고서

방법은 책에 있을지도

최근에 만든 노래 중에서 제일 애착이 가는 한 곡을 선택했습니다. 노래를 부르는 사람의 관점에서 목소리와 시간대, 음색, 가수와 청중의 관계 등을 모두 고려해 핵심 주제를 뽑아낸 뒤, 운문 형식으로 아이디어를 정리해서 브레인스토밍과 마인드맵 그리기를 시작했습니다. 내 아이디어가 어떤 식으로 서로 연결되어 어떤 방향으로 이어질지 확인하는 작업이지요. 그러고 나서 이 아이디어를 가사로 '번역'하면 될 것 같습니다.

마침 휴가 기간이라 이틀 정도는 여행 준비를 하는 틈틈이 창의적인 에너지를 발산하기 위해 최선을 다했고, 정작 여행이 시작되자 며칠 동안은 일에 몰두할 수가 없었습니다. 그 탓에 한 주가량을 까먹은 것 같네요. 이제는 좀 더 규칙적인 일상으로 돌아왔으니 다시 아침마다 작업에 시간을 투자할 생각입니다.

일단 작업으로 돌아오니 또다시 교착 상태에 빠진 느낌이 들기 시작합니다. 이번 노래의 핵심이라 할 합창 부분을 거의 완성해가는 단계였는데, 언제나 그렇듯이 제법 근사한 소절 몇 개가 이어진 다음부터 어떻게 마무리를 해야 할지 도저히 감이 잡히지 않습니다. 내가 표현하려는 아이디어와 잘 어울리는 운韻을 찾을 수가 없네요. 앞에서 운을 맞춰놓으면 뒷부분이 안 맞는 문제가 되풀이되고 있습니다. 가사를 쓸 때 적용되는 원칙이 조금씩 형태를 드러내는 느낌이기는 한데, 아직까지는 이 원칙조차 뭐가 잘못되었는지를 가려내는 역할을 할 뿐 좀 더 나은 가사를 쓰는 데에는 별 도움이 되지 않습니다. 간단히 말하면 걷지도 못하는 주제에 달리기부터 배우려고 덤비는 기분입니다.

그래서 또 한 번의 시도가 실패로 돌아간 뒤 책을 한 권 더 공부하기로 마음먹었습니다. 가사 잘 쓰는 법을 가르쳐주는 책인데, 어쩌면 이 책을 통해 새로운 관점을 확보하게 될지도 모르겠습니다. 우선 전자책 두 권을 샀습니다. 그 가운데 한 권이 아주 마음에 들어서 어제 본격적으로 읽기 시작했습니다. 하지만 아무래도 좀 더 현실적인 방향으로 목표를 수정해야 하지 않을까 하는 불길한 예감을 떨칠 수가 없네요.

아무래도 2주 전에 작업을 시작한 노래는 일단 옆으로 밀어놓고 이 책을 공부하는 쪽에 전념해야 할 듯합니다. 어쩌면 이미 만들어둔 노래들과 어울리는 가사가 생각날지도 모르고, 아니면 전혀 새로운 노래에 대한 영감이 떠오를지도 모르니까요.

- 노래 한 곡을 완성하는 과정이 좀 더 수월했으면 더 바랄 나위가 없겠지만, 완전히 두 손을 드는 대신 새로운 계획을 세우고 실행에 옮기기 시작했다는 사실에 축하를 보내고 싶습니다. 일단 새로운 계획에 대한 부담이 어느 정도 사라지면 다음 3주에 대한 고민을 시작하도록 합시다. 그렇게 해서 한 곡이라도 완성하게 되면 또 한 번 축하를 아끼지 맙시다!

참고 도서로 눈길을 돌리는 것을 후퇴라고 봐야 할까? 가슴으로는 잭슨이 끝까지 물러서지 않고 노래 만드는 일에 전념했으면 하는 마음이 간절하다. 하지만 머리로는 이 방법이야말로 잭슨에게 최고의 돌파구가 될지도 모른다는 생각이 든다. 기억에 남을 노래를 만드는 일이 얼마나 어려운지를 감안하면, 이것이 좋은 성과로 이어질 가능성도 충분하지 않겠는가.

12

수많은 아이디어, 선택과 집중이 필요하다

화가·창의성 코치

예술가들은 선택을 해야 한다.
이런 책을 쓸 수도, 저런 책을 쓸 수도 있으며,
또 다른 책을 쓸 수도 있다.
지금 어떤 책을 쓸 것인지는
본인 스스로 선택해야 한다.
과연 그것은 올바른 선택일까? 그것은 누가 아는가?
만약 당신의 선택이 옳았다는 사실이 입증될 때까지 기다리려면,
아무것도 하지 못한 채 좌절감에 빠져 아주 오랜 세월을 기다려야 할 것이다.

: 거주지만큼이나 확장해온 활동 :

1998년 10월, 우리 딸이 태어나면서 나의 창작 활동이 시작되었습니다. 다섯 살짜리 아이를 데리고 새 출발을 한 뒤, 남편의 직장 때문에 네덜란드로 이사를 간 무렵이었지요. 당시 나는 가정주부의 삶에 익숙하지 않았습니다. 의학 관련 사회봉사 교육을 받고 병원에서 근무하기도 했고 기업체에 몸담기도 했으며, 그 뒤에는 소프트웨어 다루는 법을 배웠습니다.

처음에는 도서관에서 빌려온 책을 가지고 혼자 그림 공부를 했습니다. 주로 데생과 오려붙이기를 연습했지요. 그러다가 본격적으로 그림을 그리기 시작해 이듬해에는 전시도 많이 하고 이런저런 화랑에 초대를 받기도 했습니다.

그러다가 파리로 이사 간 뒤 남아프리카 출신 화가들이 주로 활동하는 인터넷 화랑에 참여한 것을 계기로, 파리에서 전시회를 열었습니다. 내 작업실과 네덜란드 소재의 화랑을 통해 작품을 몇 점 팔기도 했고요. 그 와중에도 꾸준히 실력을 연마해 미술 교습을 하는가 하면, 창의성 코치로 일했습니다. 배우자를 따라다녀야 하는 외국인 신분으로 살며 향수병을 이겨내는 법에 대한 에세이도 몇 편 발표했습니다. 그러다 보니 워크숍을 개발하고 조직하는 일을 해보고 싶다는 목표가 생기기도 하더군요.

하지만 우리는 다시 런던으로 거처를 옮기게 되었고, 그때부터는 타로를 배웠습니다. 직접 디자인한 타로 카드를 만들었고, 3년 동안 만든 작품들을 가지고 첼시 미술협회에 가입해 활동하기도 했습니다. 화랑을 차려서 작품을 판매했는데 수익이 괜찮아 성공적으로 운영할 수 있었지요.

작품을 팔고 코치 자격증을 획득해 창의성 코치로 활동하던 끝에 다시 네덜란드로 돌아오게 되었습니다. 내가 관여하던 화랑들은 모두 문을 닫았고, 작업실로 쓰던 건물은 소방 안전 문제로 폐쇄되었습니다. 다른 작업실을 구하려 했지만 정직하지 않은 건물 주인을 만나 애를 많이 먹었습니다. 결국 작업실을 구하지 못해 코치 활동에 전념하기로 마음먹었습니다.

하지만 건강 문제와 경제적인 문제에다 집안 문제까지 겹쳐 작품 판매와 코치 활동은 잠시 손을 놓을 수밖에 없었습니다. 다행히 건강이 회복되고 아이들도 나이를 먹으면서 1년 후쯤에 다른 나라로 옮겨갈 기회가 찾아왔습니다. 딸이 정상적으로 공부를 계속할 수 있는 나라로 옮기면 괜찮지만, 만약 그러지 못하면 네덜란드에서 새 출발의 기회를 엿보아야 합니다.

: 이제는 확실한 방향을 정하려고 해요 :

지금은 그동안 강연이나 코칭을 할 때 강조했던 요점들을 보여주는 간단한 그림과 스케치들을 이용해 자료집을 만드는 것을 목표로 삼고 있습니다. 앞으로 두 달 동안 뚜렷한 희망을 가지고 확실하게 내 삶의 방향을 잡을 수 있으면 좋겠습니다. 어떤 책을 쓸 것인지도 결정하고 싶습니다. 아이디어가 너무 많아서…… 한 가지를 선택해야 합니다. 이미 써놓은 원고에 덧붙일 일러스트를 그릴 수도 있고, 그 원고를 전자책 형태로 출간하기 위한 준비에 전념할 수도 있습니다. 다른 한편으로는 뭔가 새로운 프로젝트를 시작하고 싶은 마음도 있습니다. 창의성과 관련된 자기계발 서적의 일러스트 작업을 하는 것도 괜찮을 것 같습니다.

최소 목표는 독자들이 읽고 스스로 창의력을 키울 수 있는 교재를 만드는 일입니다. 그러기 위해서는 우선 각 챕터에 들어갈 내용을 확실하게 정해야 합니다. 그 책을 출판사에 보여줄 수 있을 정도로 기본 뼈대를 잡는 것이 궁극 목표라고 할 수 있겠지요. 선생님과 함께 작업하며 관성을 얻을 수 있으면 좋겠습니다.

— **새라**

- 이미 많은 일을 하셨군요! 그것 자체가 대단한 일이지만, 다른 한편으로 그렇게 다양한 경험과 아이디어 속에서 무엇을 이끌어낼지 결정해야 한다는 점에서는 오히려 단점이 될 수도 있습니다. 당신이 이야기한 수많은 프로젝트 중에서 상업적으로 성공할 가능성이 가장 높은 것을 가려내기가 그리 만만하지는 않겠다는 느낌이 들었습니다. 아시다시피 지금까지 시도하신 일들 중에서 실제로 돈벌이로 연결된 일은 그리 많지 않으니, 이제는 개인적인 성취감 외에도 수입이 어느 정도 보장되는 일을 선택해야 할 것으로 보입니다.

  이 점을 감안해 한 번 더 고민을 해본 다음, '진짜 돈벌이'가 될 만한 프로젝트를 세 가지만 추려서 정리해볼 수 있을까요?(앞서 얘기한 것들 중에서 골라도 좋고, 전혀 새로운 아이디어를 끄집어내도 좋습니다.) 가능하다면 그 프로젝트의 목록과 함께, 그것이 돈이 될 거라고 생각하는 이유, 필요한 마케팅 방법까지 정리해보았으면 합니다.

지금은 책 쓰는 일에 집중하고 싶습니다. 그림도 좋고 스케치도 좋지만, 일단은 전자책에 적합한 형식으로 원고를 만들고 그것을 발판으로 다른 방향을 모색하는 것이 나을 것 같습니다. 지금 내가 쓸 수 있는 책은 세 가지입니다.

첫째는 헤이그에 있는 아메리칸 북 센터의 어느 출판사 의뢰로 쓴 원고들이 있습니다. 한 권은 이미 인쇄까지 마쳤습니다. 표지 때문에 한참 고민을 하다가 굉장히 수수하면서도 아름다운 디자인을 선택했는데, 지금 생각하면 조금 더 잘 만들 수도 있지 않을까 싶습니다. 더 창의적이고 재미있는 표지를 만들어볼 계획입니다. 편집에 대해서도 다시 한 번 생각해볼 필요가 있을 듯합니다. 일단 ISBN을 얻으면 어느 서점에서 자기네 블로그와 소식지에 소개할 예정이고, 암스테르담에 있는 오프라인 서점에도 진열이 될 겁니다. 그렇게 되면 전 세계 어디서나 출판이 가능해질 텐데, 예를 들어 내가 뮌헨으로 이사를 가서 워크숍을 개최하게 되면 거기서도 출판할 수 있을 겁니다.

둘째, 꽤 오래전부터 구상해온 책도 하나 있습니다. 다른 아이디어보다는 훨씬 넓은 독자층을 겨냥할 수 있을 텐데, 간단히 말하면 매일 조금씩 익히고 숙제도 할 수 있도록 구성된 교재 형식의 책입니다. 아직 시작도 하지 않았기 때문에 백지 상태에서 첫발을 내딛어야 합니다. 이것은 일단 '시크릿'이라고 이름 붙인 프로젝트의 토대가 될 수 있는 책이라 상당한 가능성을 가지고 있기는 하지만, 너무 거창해서 생각만 해도 마음이 설렐 정도입니다.

주인공의 여정을 따라가는 형식의 책도 생각하고 있습니다. 8년 전에 이 주제를 가지고 블로그를 하나 만들었는데 당시에는 방문자가 상당히 많았습니다. 아직 본격적으로 쓰기 시작한 것은 아니지만, 조만간 시작할 수 있으면 좋겠습니다.

그러고 보니 지금 내가 처한 환경 속에서는 외국인으로서의 삶을 다룬 책도 괜찮을 것 같습니다. 하지만 이 문제는 이사 가게 될 경우에 대비해 다시 고민해볼 필요가 있겠지요. 책에 토대를 두고 워크숍을 운영하면 여러 혜택이 있으니, 유료화하는 방법도 생각하고 있습니다. 물론 개인 용도에 한해 특정 챕터만을 제공한다면 무료로 공개할 수도 있을 겁니다. 그렇게 해서 워크숍에 대한 관심을 유도할 수 있을 테니까요.

- 좋습니다! 나로서는 그 세 가지 가운데 어느 것이 가장 좋을지 판단할 길이 없습니다만, 하나를 '선택'해서 매일, 그리고 꾸준히 정성을 기울이기를 부탁드립니다. 일단 선택을 하고 나면 그것이 올바른 결정이었는지 뒤돌아보지 말고 앞으로 2주 동안 최선을 다한 뒤, 어떤 결과가 나오는지 지켜보도록 합시다.

실행 보고서

선택과 집중의 효과

책 쓰는 일은 순조롭게 진행되고 있습니다. 상황이 그리 호락호락하지만은 않지만 그래도 집중력을 잃지 않고 있어요. 본연의 모습으로 돌아와 자기 관리에 최선을 다하고, 명상과 기도, 일기 쓰기, 그 밖의 여러 가지에도 신경을 많이 쓰는 편입니다.

앞표지와 뒤표지를 만드는 일에 상당한 시간을 투자하고 있는데, 특히 뒤표지의 추천사를 좀 더 명쾌하게 다듬기 위해 많은 노력을 기울이고 있습니다. 이 책을 통해 어떤 혜택을 얻을 수 있는지에 초점을 맞춰야 할 것 같습니다. 부제를 바꾸고 나니 책 전체의 흐름이 한결 부드러워지는 것 같아 만족스럽습니다.

동시에 편집 작업도 시작했습니다. 많이 진전됐고, 지금은 정말 그 원고를 쓰기를 잘했다는 생각과 함께 다른 사람들도 이 책에서 도움을 받을 수 있도록 함께 나누고 싶은 마음이 앞섭니다. 다시 말하면 비로소 애초의 목적의식을 되찾은 느낌입니다. 기도와 내 책에 대한 믿음을 통해 이 프로젝트에 더 큰 의미를 부여할 수 있었고, 지금은 이 책에 대한 대담과 마케팅을 구상하는 한편 내년 여름 네덜란드를 떠나기 전에 워크숍이나 코칭 행사를 열어볼 계획을 세우고 있습니다.

그동안 어떻게 이 책을 잊어버리고 있었는지 이해가 되지 않지만, 다시 꺼내놓고 보니 매일같이 이 프로젝트에 집중하기가 그리 어려운 일도 아니라는 생각에 마음이 흐뭇합니다. 이런 마음은 내 삶의 다른 영역에까지 흘러들어 예전보다 훨씬 낙관적인 자세를 취하게 되었고, 집중력과 희망을 잃지 않는 하루하루를 보내고 있습니다.

- 대단합니다! 내가 제안하고 싶은 것은 어떤 의구심이나 반발심, 그 밖에 어려움이 생길 때마다 이 프로젝트가 얼마나 당신을 행복하게 하고 당신이 얼마나 그 완성을 간절히 원하는지를 상기하라는

것뿐입니다. 부디 지금과 같은 마음가짐을 앞으로 3주 후까지 계속 유지하시고, 그 결과를 다시 알려주시기 바랍니다.

마음에 수백만 개의 프로젝트를 품고 있는데 현실에서 그 가운데 어느 하나도 제대로 실행에 옮기지 못하는 사람들이 많다. 일곱 곡의 노래와 아홉 권의 책을 동시에 작곡하고 집필하는 사람이 있다면, 그 사람이 비정상이다. 보통 사람들은 한 번에 한 가지의 일을 처리하고 싶어 한다. 그래야 창의성 문제를 깊이 파고들 수 있고, 생산적인 집착을 유지할 수 있으며, 나아가 뛰어난 결과를 이끌어낼 수 있기 때문이다. 어느 상담자가 지나치게 많은 프로젝트를 동시에 구상하고 있다고 할 때, 나는 대개 '그 가운데 하나를 선택하라'는 쪽으로 해법을 내놓는다. 얼핏 생각할 때는 가능성의 폭을 줄이는 것 같지만, 현실적으로는 그것이 더욱 폭넓게 창의력을 발휘할 수 있는 방법이다.

13

막상 내 이야기를 책으로 내려니 겁난다

카운슬러

요즘 사람들은 회고록 집필하는 일에 관심이 많다.
과거의 상처를 치유하기 위해서일 수도 있고,
읽는 이에게 교훈을 주고 싶어서일 수도 있으며,
자신의 삶이 소설만큼이나 흥미진진하다고 믿기 때문일 수도 있고,
그 밖에도 아주 다양한 동기가 개입될 것이다.
출발점이 어디건 간에 심각한 갈등에 봉착하면서
더 이상 진전을 보지 못하는 경우가 많은데,
이는 한편으로 자신의 이야기를 사람들에게 들려주고 싶다는 마음과
다른 한편으로 자신의 치부를 드러내 주변 사람들을 당혹스럽게
만들고 싶지 않다는 마음이 서로 충돌하기 때문이다.
나서지 않고 조용히 살고 싶은 사람이
회고록을 쓰기란 굉장히 어려운 일이다.

: 첫 책 출간을 앞둔 복잡한 심정 :

나는 첫 책 출간을 위해 8만 단어 이상의 분량을 써두었습니다. 앞으로 1만에서 1만 5,000단어 정도 더 쓰면 초고가 마무리될 듯합니다. 지금은 7월 5일까지 초고를 완성하고, 7월 31일에는 2차 원고를 탈고해 토

스카나에 있는 첫 번째 독자에게 보낼 예정입니다.

외부에서 오는 어려움은 별로 없는 편입니다. 글쓰기가 습관처럼 굳은 삶을 살고 있으니까요. 한 주에 6일은 아침마다 글을 씁니다. 코칭과 카운슬링을 겸하고 있는데, 한 주에 대략 16~19명의 상담자를 만납니다. 대형 종합병원 안에 내 사무실이 있고, 나를 찾아오는 사람들은 대부분 예술 직종에 종사하는 이들입니다.

가장 큰 문제는 나 자신의 조급증입니다. 아침 시간을 의미 확인과 글쓰기에 따로 할당해놓은 다음부터 상당한 효과를 보고 있습니다. 하지만 원고가 종착점에 가까워질수록 잡다한 유혹에 굴복하고 싶은 마음도 점점 커지는 느낌입니다. 회계 문제를 맡길 전문가를 한 사람 알아봐야 할 듯합니다. 출판계가 어떻게 돌아가는지도 좀 더 자세히 알고 싶습니다. 적절한 편집자는 어떻게 찾아야 하는지, 에이전트가 따로 필요한지, 출판사를 알아볼 필요조차 없이 그냥 자비 출판을 하면 어떻게 되는지, 출판사에 원고를 보낼 때 특별한 절차가 필요한지 등을 알고 싶습니다.

머지않아 원고 다듬는 작업이 마무리되어 토스카나의 첫 독자에게 원고를 보내고, 편집자를 고용해 출간을 향해 본격적으로 다가설 생각을 하면 벌써부터 가슴이 설렙니다.

—— **폴라**

- 당신이 안고 있는 조급증의 원인이 무엇이라고 생각합니까? 탈고가 가까워지면서 더 좋은 글을 써야 한다는 부담이 커지기 때문입

니까? 어떻게 마무리를 해야 좋을지 감이 잡히지 않아서 그런 겁니까? 출간과 시장 상황에 대한 현실적인 걱정 때문입니까? 책에 대한 반응, 특히 당신의 삶이 만천하에 노출될지 모른다는 우려 때문입니까? 아니면 이런 것들과는 전혀 상관없는, 다른 어떤 문제가 있습니까? 당신이 느끼는 조급증이 어디에서 비롯하는지를 차분하고 끈질기게 :) 추적해보고 얘기해줄 수 있을까요? 당신이 원고를 마무리하는 데 커다란 걸림돌이 버티고 있을지도 모르니, 그 정체를 밝혀내는 일이 무엇보다 중요할 것 같습니다.

선생님의 질문을 받으니 더욱 마음이 조급해집니다. 그래서 의식의 흐름을 좀 더 또렷하게 느껴보려고 상당한 시간을 투자했습니다. 다음과 같은 점들이 조급증의 원인을 밝히는 데 도움이 되지 않을까 싶습니다.

- 집필 작업에 깊이 몰두하면 할수록 근심도 깊어진다.
- 이러다가 완전히 길을 잃고 '진짜 삶'으로 돌아오지 못하게 되는 것 아닌지 두렵다.
- 이 책이 모든 것을 바꿔놓을까 봐 두렵다.

내 이야기를 이런 식으로 다른 사람들과 공유하는 문제와 관련해, 사람들의 기대치에 부응하지 못할까 봐 걱정스럽습니다. 어렸을 때부터 웅변대회에 참석하기만 하면 상을 휩쓸었고, 고등학교 때는 학생 대표로 뽑혀 졸업식에서 고별사를 낭독했으며, 대학 시절에도 줄곧 비슷한 과정을 거쳤고, 대화를 나눌 때면 상대방의 이야기를 이끌어내기 위해 내 이야기를 들려주는 일에 익숙하며, 할 말이 많기도 하고 말하는 것이 두렵지도 않습니다. 그런데도 자꾸 마음이 초조해지고 조급해지는 것은 어쩔 수가 없습니다.

나는 사람들 앞에 나서지 않고 조용히 지내는 것을 좋아합니다. 내게 유일하게 동기를 부여하는 건 사람들을 도우려는 욕망입니다. 사람들이 나를 실제보다 훨씬 더 유식한 사람으로 생각하게 될까 봐 두렵습니다. 나는 오직 나 자신의 삶을 알 뿐입니다. 그리고 혹시나 다른 사람들에게 도움이 될까 하는 희망으로 내 삶을 털어놓으려 합니다. 그러나 내 책이 '자기계발 서적'으로 분류될까 봐 걱정입니다. 최근 들어 내 책이 단순한 회고록이라기보다 일종의 자기계발서 성격을 띤다는 사실을 깨닫기는 했지만 말입니다. 지금도 이런 깨달음이 놀라울 따름입니다. 마음 한구석에 제발 그렇게는 되지 않았으면 하는 바람이 있습니다. 나는 그저 내 이야기를 담은 책을 쓰고 싶을 뿐입니다.

내가 아직도 내 이야기를 완벽하게 이해하지 못하고 있는 것 아닌가 하는 두려움을 떨치기 어렵고, 만약 이 책을 완성하지 못한다면 그것은 이런 식으로 내 이야기를 세상에 내놓기 전에 아직 인식하지는 못하지만 반드시 짚고 넘어가야 하는 무엇이 남아 있다는 의미가 아닐까 하는 생각입니다. 어쩌면 나는 내 책이 함량 미달이라는 평가를 받을까 봐 두려운 마음을 이렇게 우회적으로 표현하는 것인지도 모릅니다.

행여 내 삶이 내 통제권을 벗어나진 않을까 두렵습니다. 이야기가 너무 거창해지고 속도도 지나치게 빨라질 것입니다. 사실 이런 느낌에는 아주 익숙합니다. 마차를 몰고 나가기는 했는데 한쪽 바퀴가 도랑에 빠진 형국이라고나 할까요. 어쩌면 기차는 이미 역을 출발해 선로 위를 달리고 있는데, 나는 그 기차를 세우고 밖으로 나와 철길을 따라 걸으며 모든 것이 완벽한지를 확인하고 싶은 것인지도 모르겠습니다.

내 이야기를 쓰면서 알게 된 사실이 있습니다. 내가 그동안 내린 결정들, 스스로 만들어낸 상황을 통해 과거의 덫에 걸려 있다는 점입니다. 확실히, 편안한 마음으로 지켜볼 수 있는 내용은 아니지요. 어쩌면 이런 생각 때문에 자꾸만 망설여지는 것은 아닌지 모르겠습니다. 지금은 내가 이제껏 만들어온 삶을 사랑합니다. 만족합니다. 굳이 그것을 위기에 빠뜨릴 필요가 있을까요?

정말 그럴 필요가 있을까요? 이 책을 쓰고 또 출판하고 싶은 마음은 변함이 없습니다. 만약 내가 여기서 포기해버리면, 그것은 내 노래를 가슴에 품고 세상을 하직하는 것과 다를 바 없겠지요. 그보다 더 큰 진실이 있으니, 그것은 내가 한 번도 현실에 만족하고 안주해본 적이 없다는 사실입니다. 그렇게 하면 정말 심심하지 않을까요? 지금은 그저 한 권의 책일 뿐입니다. 앞으로 더 많은 책이 나오겠지요.

판도라의 상자를 여는 기분입니다.

(내가 답장을 하기도 전에 폴라의 다음 편지가 도착했다.)

방금 세 번째 결혼과 두 번째 임신에 대한 글을 쓰고 있었어요. 문득 정신을 차리고 보니 이런 구절을 써놨더군요. "너는 지금까지 살아오면서 많은 잘못을 저질렀지만, 지금처럼 큰 잘못을 저지른 적도 없다. 멋진 아랍 남자는 완전히 떠나버렸다. 그는 전화를 걸지 않고, 당신이 전화를 걸어도 받지 않는다. 이브라힘에게 메시지를 남겨보지만 아무런 답이 없다. 당신은 자꾸만 마음이 조급해져서……."

이 구절을 읽는 순간 과거의 조급증이 되살아나는 것 같습니다. 하지만 지금은 차분한 마음으로 두려움을 떨치고 앞으로 나아갈 때입니다.

- 문제는 조급증이 되살아나도 마음의 평정을 유지한 채 이 책을 마무리하기 위해 노력해야 한다는 점이겠군요. 그러기 위해서 앞으로 2주 동안 꾸준히 글을 쓸 수 있도록, 마음의 평정을 유지할 수 있도록, 또한 글쓰기를 중단하지 않고도 조급증을 다스릴 방법을 찾을 수 있도록 노력해봅시다.

실행 보고서

기복은 있으나 전반적으로 진전!

7월 8일(월)

뒷마당의 삼나무 아래서 한 시간 넘게 글을 썼습니다. 737단어를 썼네요. 정상 궤도로 돌아온 느낌입니다. 새로 세운 계획이 몹시 대견하네요. 조급증은 없습니다. 전혀. 마음이 편안합니다. 글이 저절로 술술 써지는 것 같습니다.

7월 9일(화)

- 오전 10시. '긴급' 표시가 붙은 상담자의 전자우편을 열고 말았습니다. 답장을 쓰는 데 15분이면 충분할 거라고 생각했는데, 정작 한 시간 반이나 걸렸습니다. 오전 글쓰기를 끝내기 전까지는 절대 열어보지 말아야 하는데…… 그걸 잘 알면서도 실천하지 못한 자신이 한심합니다. 조급증도 되살아나는 것 같고요.

- 오전 11시 15분. 집안일을 했습니다. 극도의 조급증이 돌아온 것을 느끼며, 앞으로는 한 시간 글쓰기를 마치기 전까지 모든 것을 철저히 외면하기로 결심했습니다. 어제 나무 아래서 글을 쓰고서 느낀 만족을 다시 떠올려봅니다. 그래서 노트북을 챙겨 밖으로 나갔습니다. 스마트폰 앱으로 시간을 설정하고 60분 동안 글을 쓰기 시작했습니다. 이제 조급증은 느껴지지 않습니다. 마음을 가다듬고 다시 글쓰기에 우선순위를 둘 수 있어 뿌듯합니다.

- 밤 12시 30분. 내 세상이 다시 제자리를 잡았습니다. 하루 동안 1,237단어를 썼어요! 지금 기분이 어떠냐고요? 편안합니다. 글을 쓰지 않으면 남아도는 내적 에너지가 조급증으로 전환되는 것 같습니다.

7월 10일(수)

오늘 쓴 글을 모두 블로그와 뉴스레터에 올렸습니다. 조금 더 잘할 수 있다는 것은 압니다. 하지만 성급하게 나를 판단하지는 않기로 마음먹었습니다. 앞으로 좀 더 두고 보면 알겠지요. 계속 앞으로 나아갈 생각입니다.

7월 11일(목)

6시 35분. 방금 436단어를 썼습니다. 성실성이 돌아온 느낌입니다. 오늘 아침에는 내 블로그에 올라온 댓글과 소셜 미디어에서 벌어진 소동 때문에 한눈을 팔았습니다. 다시 말해 글 쓸 시간을 놓쳐버렸다는 뜻입니다. 오후에는 미리 약속이 잡혀 있던 상담자를 만나야 했습니다. 그 다음에는 집안일을 해야 했고요. 지금은 저녁 준비를 해야 할 시간인데, 이제부터라도 글을 쓰고 산책을 하는 것이 식사 준비를 하는 것보다 더 중요하다고 결론 내렸습니다. 그래서 식구들에게 외식을 하라고 하고 나는 뒷마당의 삼나무 아래 앉았습니다.

내일 아침에 어디서부터 이야기를 이어가야 할지까지 구상이 끝났습니다. 오늘도 끝내 나와의 약속을 지킨 것 같아서 기분이 좋습니다. 분량은 비록 436단어밖에 안 되지만 이것이야말로 관성을 키워가는 열쇠라고 생각합니다.

7월 12일(금)

오늘은 500단어를 썼습니다. 쓰고 싶었던 장면 속의 수많은 점들이 서로 연결되기도 했습니다. 더 많은 기억이 수면 위로 떠오릅니다. 그 기억들이 사실인지 허구인지 잘 구분되지 않지만, 더 이상 그런 것은 문제가 되지 않습니다.

7월 13일(토)

어젯밤을 사랑하는 사람과 함께 보냈습니다. 내일부터 4일 연속으로 사무실에 나가야 하기 때문에 오늘 아침에는 늦잠을 자며 체력을 비축했습니다. 글은 쓰지 못했습니다. 휴식이 필요하다는 생각에 의도적으로 내린 결정입니다.

7월 14일(일)

사무실에 나가야 해서 글쓰기 일정을 잡지 않았습니다.

7월 15일(월)

이틀 동안 하루 종일 사무실에서 일했더니 오늘 아침에는 피로가 왕창 몰려오는 느낌이었습니다. 글을 쓸 만큼 정신도 또렷하지 않은 것 같았습니다. 저녁에 다시 사무실로 나가 일을 하려면 산책과 휴식으로 피로를 풀어야 할 듯합니다. 조급하진 않습니다. 단지 정신적으로 조금 피곤할 뿐입니다.

7월 16일(화)

어제 아침보다 세 배쯤 더 피곤한 것 같습니다. 에너지가 완전히 고갈

된 느낌입니다. 지금 나에게 필요한 것은 산책과 휴식, 그리고 재충전입니다. 이른 오후가 되자 글을 쓸 수 있을 만큼 회복이 된 느낌이지만, 이제 곧 사무실로 나가야 할 시간입니다.

지금 내가 느끼는 조급함은 글을 쓰지 않기 때문에 생기는 것 같습니다. 사무실로 출근할 때마다 싫은 마음이 앞서 조급증이 가중됩니다. 꼭 해야 할 일이 있으니 뭔가 대책을 세워야 할 듯합니다. 오늘은 글을 쓰지 못합니다. 그래서 슬픕니다. 좌절감도 느낍니다. 밤늦게야 집으로 돌아갈 수 있습니다.

7월 17일(수)

이른 아침, 오늘은 반드시 정상적인 글쓰기 모드로 돌아갈 생각입니다. 간단한 명상을 마치고 침대에서 커피와 토스트로 아침을 때웠습니다. 문을 닫아놓았으니 식구들도 지금은 나를 건드리면 안 된다는 사실을 압니다. 유일한 예외인 우리 강아지 단테는 지금 나와 함께 침실 바닥에 웅크리고 있습니다. 사무실 일 때문에 너무 피곤합니다. 그래도 글을 쓸 겁니다. 오늘은 블로그에 글을 올리는 날이지만, 그건 무시하고 집필 작업을 계속할 생각입니다.

열린 창문 너머로 200살 된 삼나무가 보입니다. 노트북을 펼치고 앉으니 신선한 공기가 방 안으로 들어와 무척 기분이 좋습니다. 고즈넉한 적막이 정말 고마울 따름입니다. 여기는 내 집입니다. 마거릿 애트우드가 몇 달 전 트위터에 올린 글이 생각납니다. '집필실, 아니 토끼굴로 들어가라. 전자우편을 확인하지 마라. 뉴스도 뒤적이지 마라. 들

어가라! 지금 당장!'

늦은 아침, 방금 글쓰기 프로그램의 문서 통계를 확인했습니다. 오늘은 1,231단어를 쓰는 것이 목표였는데 1,233단어를 썼습니다. 어떻게 이런 일이 가능한지 신기합니다. 완전히 복원된 느낌입니다.

7월 18일(목)

이제 겨우 낮 12시인데 1,447단어를 썼습니다.

7월 19일(금)

9시 47분입니다. 45분 동안 1,122단어를 썼습니다. 이야기가 술술 풀려나갑니다. 하늘을 나는 기분입니다.

7월 20일(토)

이번 주는 아침에 글을 쓰지 못합니다.

7월 21일(일)

아침에 글을 쓰지 못합니다.

7월 22일(월)

주말 내내 사무실에서 일하다 파김치가 되어 돌아왔습니다. 정신적으로 너무 피곤합니다. 글은 쓰지 못했습니다.

현재 총 단어 수는 8만 9,138개에 이릅니다. 목표는 이번 2주 동안 9만 단어를 쓰는 것이었습니다. 아직도 쓸 이야기가 많이 남았으니 내일의 목표를 새로 세워야 할 것 같습니다.

- 당신이 사무실에서 하는 일이 무척 피곤하다는 점, 아직도 쓸 이야기가 많이 남았다는 점, 그리고 일단 '발동'이 걸리면 글이 술술 잘 써진다는 점, 적어도 이 세 가지는 분명한 사실인 듯합니다. 그러니 이 세 가지를 가지고 아주 간단한 계획을 하나 세워봅시다. 때로는 너무 피곤해서 어쩔 수 없이 글을 쓰지 못할 때가 있다는 점을 인정하고, 할 일이 아무리 많아도 어쩔 수 없다는 점 역시 인정하고, 그 상태에서 꾸준히 글을 쓰는 겁니다. 계획은 간단할수록 좋으니까요. 안 그렇습니까?

정말 마음에 듭니다. 간단할수록 좋지요. 잊어버리기 전에 드리는 말씀이지만, 지금 중요한 전환점을 맞이하고 있는 느낌입니다. 선생님이 말씀하신 세 가지를 있는 그대로 인정하는 것이 맞는 것 같아요. 그런 마음가짐이 나에게 좋은 약이 될 겁니다.

글쓰기를 회피하거나 시도조차 하지 못하는 것이 단순히 나 자신만의 문제는 아니라고 생각하니 얼마나 위안이 되는지 모릅니다. 나를 괴롭힌 조급증은 사무실 일로 너무 지쳐서 글을 쓰지 못해서 생긴 것이었습니다. 어쩔 수 없는 일입니다. 그것은 내가 살아가면서 구축해갈 여러 관계 속에서 전혀 다른 맥락의 문제니까요.

제안하신 대로 며칠 안에 새로운 계획을 세워볼 생각입니다. 지난 2주는 많은 성과를 거둔 나날이었습니다. 글을 써야 한다는 결심이 조금 더 굳은 느낌, 내 미래를 구축해갈 토대가 조금 더 튼튼해진 느낌입니다.

상당히 고무적인 이야기처럼 들린다. 그렇지 않은가? 하지만 폴라가 정말로 사람들 앞에 자신의 모습을 드러내고 싶은지에 대해서는 여전히 불씨가 남아 있다. 회고록이 마무리 단계로 접어들면 새로운 조급증이 고개를 들지도 모르기 때문이다. 아무리 마음을 굳게 먹고 시작한 일이라 할지라도, 정작 회고록을 세상에 내놓으려면 불안한 마음이 생길 수밖에 없다. 회고록 출간에 그런 위험성이 내포되어 있다는 느낌이 들기 시작하면, 폴라는 모든 일을 중단하고 자기 자신과 아주 심각한 대화를 나누게 될지도 모른다. 회고록을 출간하는 사람들이 모두 그러하듯, 만인 앞에 노출되고 심지어는 역풍을 맞을지도 모를 위험을 굳이 감수해야 하는지를 스스로에게 물어봐야 하기 때문이다. 어쩌면 벌써 이런 대화가 시작되었는지도 모른다.

14

창작을 지연시키는 요소가 너무 많다

소설가 지망생

모든 예술가들이 자신에 대한 의구심이나
자신감 결여와 관련하여 직면하는 고민은
어떤 '공식'을 찾아 헤매는 형태로 나타나는 경우가 많다.
다시 말해 자신의 불완전하고 엉망진창인 작품을
뭔가 아름다운 것으로 바꿔줄 결정적 정보, 결정적 조언, 결정적 지혜를
찾으려는 노력이다. 그들은 세상을 향해
"제발 부탁입니다. 무엇을 해야 되는지 가르쳐주세요!" 하고 간청한다.
세상은 또 다른 참고서, 또 다른 워크숍, 또 다른 조언과 충고를 내세운다.
결국 예술가들은 고통스럽지만 피할 수 없는,
자신만의 창작 활동으로부터 괴리되는 셈이다.

: 글쓰기의 행로 :

나는 캐나다인이지만 미국의 한 잡지를 통해 저널리즘 분야에 발을 들여놓았습니다. 대학에서 문학 석사 학위를 받았고 박사 과정도 3년 거쳤습니다. 과정을 마치고 여덟 시간짜리 시험도 치렀지만, 학교가 남학생들에게는 전문직을 얻을 수 있도록 지원을 아끼지 않는 반면 여학생은 고등학교 교사에 만족해야 하는 남성 편향 분위기라, 내 앞날도 그

리 순탄하지만은 않을 것임을 직감했습니다. 나는 분위기에 잘 적응하는 학생이 아니었고, 할 말을 참는 성격도 아니었습니다. 강의 시간 내내 노트만 읽어서 학생들을 모두 잠들게 만드는 교수들을 보며 속이 상할 때가 많았습니다. 나도 저렇게 되는 것 아닐까? 왜 저 사람들은 자기 분야에 대한 흥미를 잃어버렸을까? 나는 그 긴 시험에서 4점을 받았지만 학교를 떠나버렸고, 한 번도 그 행동을 후회하지 않았습니다.

토론토로 돌아온 뒤에는 잡지사에 편집자나 기자로 취직하려고 노력했습니다. 조금만 기다려보라는 약속을 믿고 몇 년 동안 영혼까지 팔아가며 잡지사 안내 데스크에서 일했지만 그 약속은 좀처럼 지켜지지 않았습니다. 편집, 기사 작성, 출판 강좌까지 수강했지만 뜻을 이루지 못했습니다. 그러던 차에 기적이 일어났습니다. 뉴욕에서 열린 전시회에 참석했다가 어느 보석 세공인의 작품에 매료되어 기사를 쓰고 싶다는 말을 그녀에게 한 적이 있는데, 마침 한 잡지사가 그 작품에 관심을 보이자 그녀가 나를 소개한 것입니다. 미국 잡지사 편집자가 나에게 기사를 의뢰하고 싶어 한다는 사실을 음성메시지로 확인한 나는, 꿈을 꾸는 것만 같았습니다.

이 일을 계기로 그 편집자는 물론 다른 잡지사 네 군데와 일을 하게 되었습니다. 뿐만 아니라 보석업계에서 유명 스타 대접을 받는 어느 미국인 세공인에 대한 칼럼 두 편과 책을 한 권 쓰기도 했습니다. 10년가량 그런 일을 하다 보니 더 늦기 전에 오래전부터 구상해온 소설을 써야겠다는 생각이 들었습니다. 그게 6년 전 일입니다. 출발은 단편으로 했지만 이내 피렌체를 무대로 한 범죄 소설을 쓰기로 마음을 바꾸었습니다. 그 사이에 보석을 만들어 화랑 열네 곳에 팔기도 했고, 그림도 그리기 시작했습니다. 첫 그림부터 화랑에 팔리는 등 출발이 나쁘지 않았지만, 지금 그림은 뒷전이고 2007년에 쓰기 시작한 소설을 계속 써서 마무리하려고 발버둥 치고 있습니다.

: 글을 쓸 수 없게 하는 요인들 :

돌아보면 나의 과거는 그리 나쁘지 않습니다. 잡지 네 곳에 꾸준히 기사를 썼고, 칼럼 두 편을 썼으며, 보석에 관련된 책을 출판했고, 내가 만든 보석을 미국과 캐나다의 화랑과 박물관에 판매했는가 하면, 처음으로 전시한 그림을 팔기도 했습니다. 하지만 나의 현재는 그렇게 낙관적이지만은 않습니다.

1 사기가 많이 떨어졌습니다. 이 책을 완성하려고 여러 차례 정부 지원을 요청했습니다. 지금까지의 실적으로 미루어 지원 자격은 충분하다고 판단했습니다. 50페이지짜리 요약본을 만들어 정부 기관과 출판사 열 곳에 보냈지만 아무 소득이 없었습니다.

2 캐나다 범죄 소설 작가 협회에 요약본을 보냈는데 퇴짜를 맞았습니다.

3 온라인 문학잡지의 공모전에 단편소설을 응모했지만 시간만 낭비했습니다.

4 혼자 있는 시간을 내기 어려워 집중력이 떨어지고, 노인을 간병해야 하는 등 이런저런 일상사 때문에 머리가 복잡합니다.

5 점점 타성에 젖어드는 느낌입니다. 사무실로 들어가기조차 싫을 때가 많습니다. 최근에는 언제까지 이런 생활을 이어가야 하나 하는 회의도 생깁니다. 지금까지 수백만 단어의 글을 썼고, 어떻게든 끈을 놓지 않으려고 참여한 워크숍 세 곳에서는 하나같이 내 글에 대한 칭찬이 자자합니다. 하지만 이런 건 실질적인 도움이 되기보다 오히려 시간 낭비에 가깝다는 사실이 입증되었습니다. 지난 11월에는 소아마비를 극복하려고 무릎 수술을 받았는데, 이것이 내 삶을 바꿔놓았습니다. 수술 후 무기력증에 빠지는 사례가 많다고 하지만, 나는 이 수술을 계기로 무기력증을 던져버리고 싶습니다.

6 집중을 잘 하지 못하고, 밤늦게까지 텔레비전을 보거나 멍하니 시간을 보내는 경우가 많습니다. 새벽 3시쯤에 제일 정신이 맑고 차분해집니다. 어쩌다 이런 버릇이 생겼는지 모르겠습니다. 낮 시간 동안 엄마 문제를 비롯해 이런저런 인생사에 시달리다 보니 자유로운 시간만큼은 뭔가 기분 좋은 일을 하고 싶습니다. 그런데도 그 소중한 시간을 쓸데없이 낭비하고 있으니 더욱 우울해집니다.

7 내가 하고 싶은 일과 남편이 하고 싶은 일이 조화를 못 이루는 탓에 집중력을 발휘할 수 없는 경우가 더욱 많아집니다.

8 영어를 할 줄 모르는 어머니를 여동생 둘과 함께 간병해야 합니다. 어머니는 좋은 시설을 갖춘 양로원에 가 있지만, 치매 때문에 간병인들을 힘들게 하는 경우가 많습니다. 어머니가 목욕을 거부하면

어쩔 수 없이 우리 자매가 출동해야 합니다. 이번 주에는 어머니가 팔목을 부러뜨렸는데, 깁스를 자꾸 뜯어내는 바람에 세 번이나 응급실에 가야 했습니다. 동생들은 우리 셋 가운데 한 사람이 매일 양로원에 가서 어머니를 돌봐야 한다고 합니다. 우리 집에서 양로원까지는 거리가 꽤 멀 뿐 아니라, 어머니가 발작을 일으키면 도저히 감당할 자신이 없습니다. 이틀에 한 번 가는 것도 너무 많은 것 같습니다.

: 삶의 소음에 대처하고 싶어요 :

최소 목표

1 내 삶을 잡아먹고 있는 책, 어떻게든 그 책을 다시 쓸 수 있는 에너지를 되찾아야 합니다.

2 점점 나이를 먹어간다는 사실은 정말 우울하고 끔찍하지만, 이제는 그에 대처하는 방법을 배워야 할 듯합니다. 풍부한 인생 경험이 흥미로운 소설을 위한 자양분이 된다는 것은 알지만, 째깍거리는 시계 소리를 들을 때마다 부담감과 좌절감이 커집니다.

3 방해물, 유혹, 삶의 소음에 대처하는 방법을 배워야 합니다. 토론토의 길고 끔찍한 겨울이 끝나니 화창한 여름이 자꾸만 나를 유혹합니다. 예전처럼 모험을 마다하지 않는 여자로 돌아가 혼자서 여행도 좀 다니고 싶습니다.

4 돈 걱정 때문에 휴가도 즐기지 못하는 삶에서 벗어나고 싶습니다.

5 좀 더 많은 시간을 남편과 함께하지 못하고 원고와 씨름한다는 생각, 글쓰기를 중단하기 싫어 집안일을 내팽개친다는 생각이 들 때마다 죄책감에 사로잡힙니다. 언제 무슨 일이 벌어져 책상 앞에서 일어나야 할지 모른다는 생각 때문에 책상 앞에 앉고 싶지 않을 때도 많습니다.

6 일자리를 찾으려는 노력조차 하지 않는 남편에 대한 분노를 다스리는 방법을 배우고 싶습니다.

궁극적인 목표

1 반드시 끝내려고 마음은 먹었지만 좀처럼 뜻대로 되지 않는 이 책, 이 짐에서 해방되고 싶습니다.

2 에이전트를 구해 가능성을 타진해야 합니다.

3 은퇴를 너무 일찍 한 데다 잘못된 판단으로 재산을 까먹은 남편에 대한 분노와 증오를 벗어던져야 합니다.

—— **바버라**

○ 당신이 어떤 성격의 원고를 쓰고 있는지는 잘 알겠지만, 그럼에도 그 '범죄 소설'에 대해 몇 가지 의문이 남습니다.(미스터리가 아닌 범죄 소설 맞지요?) 원고가 너무 길어서 어떻게 정리를 해야 할지 난감한 상황입니까? 플롯에 대해서 뭔가 이해가 가지 않는 부분이 있습니까? 왠지 생동감이 떨어지는 느낌인데 원인을 몰라서 손을 댈

수가 없습니까? 이 소설의 문제점이 무엇인지 조금 더 자세히 설명해주시면 좋겠습니다. 당신이 처한 여러 일상 문제와는 별개로요. :)

정말 무시무시한 질문이네요.

범죄 소설 맞습니다. 여러 가지 범죄가 등장하고, 그것을 주인공이 해결해나가는 방식입니다. 원고가 썩 마음에 들지 않습니다. 워크숍에서는 좋은 평가를 받았지만, 지금도 계속 도입부를 고치고 있습니다. 그래서 도입부가 여러 가지입니다. 주요 내용이 어둡습니다. 인신매매가 등장하고, 노동 수용소로 보내진 줄 알았던 피렌체 유대인 243명을 비롯해 수많은 시신이 새로 발견됩니다. 주인공은 매춘부들이 공공연히 영업을 하는 공창 지역에 거주합니다. 너무 어둡나요?

선생님의 질문에 좀 더 자세히 답변해보겠습니다.

- 분량이 너무 많습니다.(도입부를 여러 차례 고치느라 시간을 너무 많이 낭비하고 나니 이제 어떤 방향을 따라가야 할지 혼란스럽습니다.)
- 어떻게 마무리를 지어야 좋을지 모르겠습니다.
- 소설 한 편에 너무 많은 범죄가 등장하는 것 같습니다.
- 너무 지쳐서 더 쓰기가 겁납니다. 쳐다보기만 해도 지긋지긋할 때가 많습니다.
- 선생님의 질문을 곰곰이 생각해보니, 문득 범죄 소설이 아니라 좀 더 문학적인 소설을 쓰는 게 낫지 않을까 하는 생각이 듭니다.

○ 좋습니다. 해결해야 할 실질적인 문제들이 많이 있는 것 같네요. 앞으로 2주 동안 하루에 한 시간이든 두 시간이든 세 시간이든 형편대로 시간을 정해놓고 꾸준히 이 문제들을 해결하는 데 전념해봅시다. 반드시 해야 합니다. 어떻게든 소설을 완성해야 하니까요.

실행 보고서

원칙을 따라야 한다는 강박

일지를 들춰보니 내가 지금 어떤 기분인지를 좀 더 명확하게 알 수 있었습니다. 소설이나 책 쓰는 법에 대한 참고 도서를 너무 많이 읽다 보니 피곤하기만 하고 오히려 혼란만 가중되는 듯합니다. 어떤 날은 하루에 한 권씩 읽어치우기도 합니다.

저녁을 먹고 나서 텔레비전 앞에 죽치고 앉아 영화를 보았습니다. 한꺼번에 이렇게 많은 영화를 본 날도 없는 것 같습니다. 그러고 나니 소설 집필과 무관한 일로 시간만 허비한 자신이 미워집니다.

예전에 잡지 기사나 칼럼, 논픽션 등을 쓸 때는 이렇지 않았는데 왜 소설만 쓰려고 하면 이렇게 마음이 불안한지 이해가 가지 않습니다. 어쩌면 이것이 범죄 소설이라 특정한 형식을 맞추어야 하는데, 내가 아직 그 형식을 터득하지 못한 것 아닐까 하는 생각도 듭니다.

꼬박 나흘 동안 사방에 흩어진 자료들을 붙잡고 씨름했습니다. 다른 소설에서 뽑아낸 좋은 문장들, 언젠가 쓸 데가 있을 것 같아서 모아

둔 정보들, 장면 전환, 우연히 떠오른 단상 등등 종류도 잡다합니다. 이제는 쳐다보기만 해도 머리가 지끈거립니다. 소설을 몇 권 읽기는 했지만 정작 내 소설에 대해서는 아무것도 하지 못했습니다. 그저 똑같은 과정이 반복될 뿐입니다. 2009년에 처음 이 소설을 썼는데, 그동안 적어도 스무 번은 고친 것 같습니다.

이번 주에 다시 한 번 원고를 놓고 앉았다가, 다음과 같은 사실을 발견했습니다.

- 이야기 구조가 너무 복잡하다.
- 눈길을 사로잡는 악당이 없다.
- 최근에 마친 두 개의 온라인 워크숍에서 배운 원칙에 따라 도입부를 수정하다 보니, 앞부분이 너무 밋밋해졌다.
- 또 한 번 도입부를 수정해 나 스스로 읽고 싶은 원고를 만들려고 노력하다 보니(어느 참고 도서의 지침에 따라) 훨씬 좋아진 것 같다.

하지만 아직도 한 시간 이상을 느긋하게 앉아 글을 쓰지 못합니다. 나 스스로 앞길에 장애물을 세워놓은 느낌입니다. 정작 내 소설과는 아무 관계도 없는 책을 읽어야 한다거나, 다른 데서 본 원칙을 따라야 한다는 강박을 느끼는 경우가 너무 많습니다.

이유는 모르지만 그런 것들이 아주 중요하게 생각됩니다. 자꾸 정신이 분산되는 것은 성격 탓이 아니라고 하는 글을 어디선가 읽은 것 같은데, 과연 그게 그렇게 간단한 문제일까요?

지금은 자료 조사, 혹은 어떤 공식이나 조언을 찾아 헤매는 노력을 중단하고 진득하게 앉아서 소설을 마무리하는 일에 전념해야 할 때라는 사실을 당신 자신도 터득하기 시작한 듯합니다.

벌써 원고를 스무 번이나 뜯어고쳤다면 상당히 당혹스러워지는 것도 무리가 아닙니다. 아마도 중간에 마음이 바뀌거나 워크숍에서 얻은 충고를 따르다 보니 그렇게 되었겠지요. 이제는 자신을 믿고 진득하게 자리에 앉아 죽이 되건 밥이 되건 결단(바라건대 마지막 결단)을 내려야 할 때입니다. 당장 발등에 떨어진 과제를 하나하나 처리한다는 심정으로 집중하면 좋은 결과가 나올 겁니다.

손가락을 한 번 탁 튕겨 이런 문제를 해결할 수만 있다면 얼마나 좋겠는가? 아무리 전문가라 해도 인간의 심리적 복잡성에서 나온 모든 문제를 완벽하게 해결할 수는 없다. 만약 바버라가 앞으로도 계속 창의력 코치의 도움을 원한다면, 그 코치는 원고를 스무 번이나 고쳐 쓰고도 아직 탈고와는 거리가 먼 사람을, 마지막 수정 한 번으로 마음의 부담을 깨끗이 털어내고 원고를 마무리할 수 있는 사람으로 바꿔놓기 위한 모든 노력을 아끼지 말아야 한다. 여기에는 열렬한 응원과 설득과 제안과 애원과 박수가 다 포함된다. 코치는 물론, 당사자도 많은 노력을 기울여야 한다. 이미 굳은 성격을 고치는 것은 결코 만만한 일이 아니다.

15

작은 일에도 부담을 크게 느낀다

연극배우·연출가

인간은 누구나 비판과 거절, 당혹감과 수치심 앞에
자신이 노출되는 것을 꺼린다.
따라서 우리는 1만 시간 이상을 연주나 공연 연습에 쏟아 부은 사람이라고 해서
대중 앞에 서는 것을 아무렇지도 않게 받아들일 거라고 가정해서는 안 된다.
아무리 경험이 많아도 무대는 여전히 무서운 곳이다.

: 경력은 많아도 불안함은 여전 :

나는 연극배우 겸 연출가이고, 단독 혹은 공동으로 공연을 만드는 일에 나름대로 전문성을 가지고 있으며, 제자들을 가르치기도 합니다. 대학 때부터 거의 30년 동안 이런 일을 해왔고, 16년 동안 이 분야에서 생계를 해결하고 있습니다. 지난 8년 동안 순회공연이라는 장기 목표를 달성하기도 했고, 예술인 마을에 입주했는가 하면, 각종 보조금과 지원금을 받으며 새 작품을 만들기도 했습니다.

하지만 지금도 제안서를 퇴짜 맞는 경우가 있고, 공연이 실망스러울 때도 있으며, 찾아온 기회를 제대로 포착하지 못하는 경우도 많습니

다. 이 정도 경력을 쌓고도 그런 일을 당한다는 사실이, 혹은 좀 더 효과적으로 대처하지 못한다는 사실이 조금 놀랍게 느껴지기도 합니다. 개인적인 측면에서는 최근에 이혼을 했고, 다른 도시로 이사를 했으며, 나이 마흔아홉에 순수미술 석사 학위를 따려고 대학으로 돌아갈 계획도 세우고 있습니다.

뚜렷한 원칙이 없고 세월만 허송하는 것 같아 마음이 조급합니다. 아무리 노력을 해도 그리 생산적이지 못한 습관을 버리지 못하고 있지만, 사실은 완벽주의자 기질도 약간 있습니다. 지난 몇 년 동안 나 자신을 내세우고 싶지 않다는 생각 때문에 감각이 조금 떨어진 느낌인데, 마침 그 시기가 지금까지 큰 도움을 받았던 미술 프로그램의 예산 축소와 맞닥뜨려 더욱 불안감이 커졌습니다.

: 바뀐 상황을 발전의 기회로 삼고 싶어요 :

내년이면 쉰 살이 되다 보니 사소한 부상과 건강 문제 등 나이 먹어가는 조짐들이 나타나기 시작합니다. 평생 처음으로 안경도 끼었고요. 게다가 최근의 단독 공연이 하필이면 육체적으로 가장 힘든 공연이었습니다.

이 나이에 학교로 돌아가는 것 역시 쉬운 일은 아닐 겁니다. 몇십 년 만에 시험도 봐야 하고, 다른 학생들과 공동 작업도 해야 하고, 훨씬 전통적인 스타일의 연극도 시도하는 등, 평소에 익숙한 영역을 벗어나야 하는 경우가 무척 많겠지요. 지금까지는 내가 직접 연출하는 공연에 익숙했지만, 이제부터는 외부 요구에 맞춰가는 방법을 다시 배워야 하는 상황이 생길 겁니다.(어쩌면 지금 나에게는 그런 훈련이 절실히 필요한지도 모릅니다.)

앞으로 두 달 사이에 중요한 프로젝트 두 건이 이미 잡혀 있습니다. 현지의 유력 극단이 주최하는 워크숍에 참여해야 하고, 8월에는 연출가가 따로 있는 단독 공연을 무대에 올려야 합니다. 그 두 가지 프로젝트를 내부적 혹은 외부적으로 방해할 수 있는 요인들에 대비해 미리 계획을 세우고 싶습니다. 또 거기에 좀 더 많은 시간과 노력을 투자해 나 자신을 한 단계 더 발전시킬 기회로 삼고 싶은 마음입니다.

최근에 다른 도시로 이사를 온 것 역시 생활에 적지 않은 영향을 미쳤습니다. 한번 어긋나기 시작한 일상을 원래 궤도로 되돌리기란 여간 어려운 일이 아니니까요. 가을 학기부터 학교에 나갈 준비를 하기 위해서라도, 읽고 쓰고 연기를 가다듬는 일에 더욱 신경을 써야 할 것 같습니다.

—— **이선**

o 아주 간단한 것에서 시작해보고 싶습니다. 하고 싶다고 하신 여러 가지 일들을 모두 포함하는 주간 계획표를 만들어볼 수 있겠습니까? 그 계획표에서 일주일에 한두 시간 정도는 이른바 '조급증 관리' 혹은 '자신감 형성'이라고 부르는 과정에 할애하는 것이 좋겠습니다. 일단은 자신감 형성이라고 부르기로 하지요.

자신감을 끌어올리기 위해 일주일에 한두 번 연습할 수 있는 게 뭐가 있을까요? 당장 뭔가 떠오르는 게 있습니까? 괜찮다면 그것부터 하기로 하지요. 하고 싶은 여러 가지 일들을 모두 포함하는 자세한 주간 계획표를 만들고, 이 질문을 생각해보세요. 자신감을 끌어올리기 위해 내 계획표에 추가할 수 있는 것이 무엇일까?

내가 지금까지 해온 일들을 정리해보았습니다. 그 당시, 그리고 전후에 내가 어떤 감정을 느꼈는지 기억을 되살리려고 약간의 시간을 투자했습니다.

내가 느낀 자신감의 정도에 따라 순서를 정하면 이렇습니다. 저녁 식사를 준비한다.(상당한 자신감을 느낍니다.) 케이블TV 회사에 전화한다.(자신감이 조금 떨어집니다.) 예술가 협회를 찾아가 정보를 요청한다.(도망가고 싶습니다.) 그래도 조금씩 사다리를 올라가 예전의 힘을 되찾으려고 노력하는 중입니다. 어렵게 느껴지는 일은 조금 더 만만한 부분들로 나누어서 처리하면 될 듯합니다. 자전거를 타고 협회 사무실까지 갔다 올 수는 있을 것 같습니다. 비록 사무실 안에까지 들어가지는 않겠지만 말입니다.

어제는 자세한 주간 계획표를 만들기 위해 씨름했습니다. 쓸 만한 앱을 찾기 위해 반나절을 허비하기도 했습니다. 아무리 계획을 잘 세워도 실행에 옮기지 못하면 낙담만 커질 것 같아서 하루하루를 어떻게 꾸려갈 것인지 생각하느라 고민을 많이 했습니다. 그 결과 다음 날(그게 오늘입니다) 할 일을 결정했는데, 25분 일하고 5분 휴식, 네 시간에 한 번씩은 휴식 시간을 조금 더 늘리는 방법을 선택했습니다. 이렇게 해서 지금 내가 하고자 하는 모든 일을 한 번씩 건드려볼 수 있으면 좋겠습니다.

한 주 한 주가 다 다르기 때문에 일관된 계획표를 만들기가 쉽지 않습니다. 지난주에는 뉴욕에서 워크숍에 참석하느라 동료 둘과 함께 아파트를 빌려 생활하는 바람에, 평소의 습관을 이어갈 수 없었습니다. 이번 주는 집에서 보낼 수 있고 외출할 일도 별로 없으니 괜찮지만, 다음 주에는 워싱턴 D.C.에 가서 다른 배우들과 함께 프로젝트를 진행해야 하고, 저녁에는 아파트를 빌려 사람들을 만나야 합니다. 그 다음 주는 집에서 그동안 못한 일을 보완할 생각입니다. 적어도 집에 있는 시간에는 굉장히 구체적인 계획표를 만들어두어야 할 것 같습니다. 물론 집을 떠나 있을 때도 자유 시간을 활용할 수 있는 계획을 세워야 하겠지만 말입니다.

지금은 여기까지입니다.

- 아주 명쾌하군요. 상당히 복잡하기도 하고요. 앞으로 2주 동안은 최대한 단순하게 계획을 짜는 것이 좋겠습니다. 매일 반드시 해야 할 일과는 별개로, 하루에 하나씩 어려움을 감수(이를테면 누구에게 전화를 걸거나 전자우편을 보내는 등)해보면 어떨까요. 그런 일을 별다른 두려움이나 초조함 없이, 아무렇지도 않게 처리할 수 있는지 확인해봅시다. 다시 말하면 리스크를 하나 정하고, 어떻게든 해치우는 겁니다. 알았지요?

실행 보고서

어렵다, 어렵지 않다

오늘의 어려움은 내가 탈 비행기가 이륙하기 전에 이 보고서를 쓰는 것입니다. 실제로는 그렇게까지 부담스러운 일이 아닌데 온갖 쓸데없는 걱정으로 머뭇거리는 탓에, 필요 이상으로 시간을 허비하고 그만큼 스트레스도 커지는 일들이 있는 것 같습니다.

이번 주에는 그런 일에 크게 신경을 쓰지 않기로 마음먹었습니다. 어차피 별로 중요한 일도 아니니까요. 예를 들면, 어떤 지인을 위해 추천사를 써주겠다고 약속한 일이 있습니다. 어떻게 써야 잘 썼다고 소문이 날지 고민에 고민을 거듭하다가, 문득 어떻게 써도 대세에는 큰 영향이 없다는 생각이 들었습니다. 그런 일은 되도록 빨리 해치워버려야 나머지 시간을 좀 더 의미 있고 창의적인 일에 투자할 수 있을 것 같습니다.

지난 2주 동안 매일같이 어려움을 내포한 일들이 참 많았지만, 대부분은 그럭저럭 해치웠습니다. 오늘은 또 어떤 어려움을 감수할지 결정하기가 힘들더군요. 정답이 정해져 있는 일이 아니니까요. 예를 들어 머리를 깎기 위해 예약을 한다고 할 때, 다른 사람 같으면 그런 일에 어려움이 있다고 생각하지 않겠지만 내 경우는 꼭 그렇지도 않습니다. 물론 이런 것도 어려움이라고 부를 가치가 있을까 하는 생각 때문에 망설이는 경우도 많습니다. 또, 내가 어려움을 감수하고 이 일을 해야 하는지 고민하다 보면(이를테면 대학원 등록에 필요한 정보를 얻기 위해 전화를 걸어야 하는 경우) 어려움이 아니라는 판단이 설 때도 있습니다. 여러 가지 어려움이 한꺼번에 몰려들어 얼떨결에 어느 하나를 선택하고 나면, 나중에 더 어려운 쪽을 선택하지 않았다는 죄책감이 들기도 합니다.

지난주에 우리 지역의 유명한 극장에서 몇몇 전문가들이 모여 워크숍을 진행했는데, 이때도 커다란 어려움을 겪었습니다. 워크숍의 대상으로 선정된 연극이 나에게 익숙하지 않은 분야였을 뿐 아니라 평소에 사람들 앞에서 발언하는 것을 좋아하지 않기 때문에 상당히 부담스러웠습니다. 연극은 물론 영화계에서도 이름을 떨치는 유명 배우가 포함된 청중 앞에서 대본을 읽어야 했으니까요.

그래도 포기하지 않고 끝까지 전진을 계속하다가, 급기야 마지막 날 벽에 부닥치고 말았습니다. 어떤 장면을 두고 여러 사람이 머리를 맞댄 끝에, 연기에서 내가 주도적인 역할을 맡게 되었습니다. 나의 선택에 사람들이 실망한 표정을 짓더니, 내 동작을 하나하나 안무하려 드는 통에 정말 난감했습니다. 나는 미리 정해진 동작에 금방 익숙해지는 편이 아니거든요.

아무래도 나는 이런 일에는 적합하지 않은 모양입니다. 이런 생각을 하다 보니 대학원에 들어가기로 한 것은 물론 배우들에게 동작을 가르치는 일, 심지어 지난 25년 동안 해온 일들에 대해서까지 회의가 밀려왔습니다. 어디론가 도망가고 싶었지만 끝까지 가보자고 스스로를 격려했습니다. 나는 내가 할 수 있는 일을 할 때만 최선을 다할 수 있습니다. 나와 비슷한 고민을 가진 학생에게 내가 어떤 조언을 들려줄 수 있을까를 생각하니, 남들보다 더 친절하고 효과적으로 가르침을 전할 수 있을 것 같았습니다.

마지막으로, 모든 사람들이 지켜보는 앞에서 공연을 해야 했는데, 당시에는 완전히 망쳤다고 생각했지만, 그보다 더 심한 경우도 경험했거니와 어쩌면 그렇게까지 나쁘지는 않았을지도 모릅니다. 누군가 배우를 바꿔보는 게 어떠냐고 제안했을 때, 나도 별로 섭섭한 마음 없이 동의했습니다. 새로 선정된 배우하고는 훨씬 더 호흡을 잘 맞출 수 있었지만, 이내 그 친구 역시 나 같으면 쉽게 익혔을 기술조차도 금방 배우지 못한다는 사실을 알게 되었습니다. 각자 익숙한 분야가 다른 것뿐이겠지요. 나는 코 위에다 커다란 사발을 올려놓고 균형을 잡는 연습을 했습니다. 별로 힘들이지 않고도 금방 익숙해졌지만 말입니다. 때로는 실패도 자신감을 북돋는 자양분이 되는 모양입니다.

이제 8월에 시작될 공연을 앞두고 연습을 시작해야 합니다. 그 공연이 끝나면 바로 대학원 공부를 준비해야겠지요. 두 가지 모두 지속적인 자신감과 일상적인 실천을 요구하는 일입니다. 나는 지금도 미리 정해진 계획표를 따라가지 못하고 있습니다.

- 내가 잘못 생각하는 게 아니라면, 당신은 이미 어려움을 훌륭하게 다루고 있으며 말투에서도 한결 자신감이 느껴집니다. 축하합니다! :)
  앞으로 3주 동안의 목표를 정할 때, 꼭 해야 할 일들에 덧붙여 다음 두 가지를 염두에 두었으면 좋겠습니다. 첫째는 어려움을 선택할 때 과연 이게 옳은 선택인지, 이 정도면 충분한지 따위를 고민

하느라 망설이지 말고 좀 더 자신 있게, 과감하게 결정을 내려도 된다는 점입니다. 둘째, 어려움에 대처할 때 마음속으로 '이 정도는 별것 아니야' 혹은 '뭐 이 정도 가지고 진땀 뺄 필요까지는 없잖아' 하는 식의 주문을 외워보세요.

나는 당신이 이미 커다란 발전을 이루었다고 생각하지만, 앞으로 3주 동안 더 큰 발전을 이루는 모습을 보고 싶습니다. 그러기 위해서는 아무 부담 없이 어려움을 선택할 수 있어야 하고, 어지간해서는 진땀 뺄 필요가 없다는 자신감을 잃지 말아야 합니다. 이 두 가지를 항상 염두에 두시기 바랍니다.

일 년 내내 무대에서 단독 공연을 하는 전문 배우가 전화를 걸거나, 정보를 요청하거나, 심지어는 머리 깎는 것에까지 부담을 느낀다는 사실은 시사하는 바가 많다. 말도 안 되게 어려운 오페라를, 혹은 연극 무대의 주인공 역할을 아무렇지도 않게 소화해내는 사람이, 택시를 부르거나 전자우편을 보낼 때는 자신감이 없어 망설이는 모습은 우스꽝스러워 보이기까지 한다. 크고 중요한 공연에 너무 많은 자원을 쏟아 붓다 보니 사소한 문제에 대처할 에너지가 부족해지는 것일까? 이유가 무엇이건, 수많은 공연예술가들이 이런 현실을 경험하고 있다. 일상생활의 소소한 임무가, 거창한 공연 무대에 서는 것보다 훨씬 더 무겁다!

16

툭하면 공백기, 이유는 많고 많다

화가

예술가의 창작 활동은 평소에도 쉬운 일이 아니지만
큰 규모의 새 작품을 의뢰받으면 그 어려움은 더욱 커진다.
예를 들어 평생 처음으로 교향곡을 만들어달라는 의뢰를 받은 작곡가,
처음으로 야외에 전시할 초대형 조형물을 의뢰받은 조각가,
처음으로 대형 논픽션을 집필해달라고 의뢰받은 작가 등의 경우다.
대부분의 예술가, 특히 그렇지 않아도 작품 활동에 어려움을 겪고 있던 예술가들은
꿈에 그리던 이런 대형 프로젝트가 정작 현실로 닥치면 눈앞이 캄캄해진다.

: 짧은 몰입, 기나긴 공백 :

나는 매사추세츠에 거주하는 화가입니다. 그림도 그리고 혼합 매체를 이용한 작품들도 만듭니다. 작업실이 집에서 아주 가깝기 때문에 하루 24시간 아무 때나 드나들 수 있지요. 작업은 모두 여기서 이루어집니다. 우리 지역의 전문대학에서 미술을 가르치기도 하고, 여름에는 한 주 동안 집 근처의 예술회관으로 강의도 나갑니다. 여름 강좌는 딱 한 주고 가을과 봄 학기에도 한 주에 하루만 강의를 하면 됩니다. 덕분에 일 년 내내 작업실에서 많은 시간을 보내는 편입니다.

지난 5년 사이에 상당히 큰 작품 세 점을 팔았습니다. 후원자로 자처하는 분이 좀 더 작은 작품 여덟 점을 샀고, 지난 8년 동안 혼합 매체 작품도 몇 점 팔았습니다.

지금 하고 있는 가장 중요한 작업은 의뢰받은 작품입니다. 이 작품의 1차 완료 기간을 스스로 정해두었습니다. 9월 첫 주에는 완성해서 걸어볼 생각입니다. 올여름에는 다른 일 때문에 작업에 전념하지 못했고, 특히 이렇게 처음부터 의뢰를 받아서 작품을 만들어본 경험이 없기 때문에 과연 주문한 사람의 기대치를 충족할 수 있을지 걱정이 되어 선뜻 작업을 시작할 엄두가 나지 않더군요.

구상은 어느 정도 구체적으로 나와 있습니다. 제 카메라에 우연히 심령 사진 비슷한 게 찍혔는데, 거기서 떠올린 영감을 다양하게 활용할 생각입니다.

나는 마감이 코앞에 닥치지 않은 이상 생각날 때마다 작업을 하다 말다 하는 버릇이 있습니다. 미친 듯이 창의력을 발휘하며 작업에 몰두하는 기간에 비해 공백기가 너무 긴 편이지요. 크기가 좀 작은 작품들을 시도하면서, 또 작업실보다는 거실을 이용하면서 이런 공백기가 크게 줄었습니다. 기하학적이고 상징적인 작품보다는 구체적이고 또렷한 이미지가 떠오를 때 작업의 진행 속도도 빨라지는 편입니다.

늦은 오후가 되기 전까지는 작업을 시작하기가 쉽지 않고, 그래서 사람들이 모두 잠든 뒤에 작업을 하는 경우가 많습니다. 돌아다니는 사람이 없고 전화벨도 울리지 않는 시간·공간일수록 집중력이 높아지는 느낌입니다. 가능하면 누구의 방해도 받지 않고 의식 구조 자체가 바뀐 상태에서 작업에 몰두하고 싶지만, 거기에 집착하다 보면 밤이 될 때까지 기다리며 눈앞의 일을 처리하고 이런저런 잡념을 떠올리느라 낭비하는 시간도 그만큼 많아집니다. 나이 먹을수록 기상 시간이 점점 빨라지는 판에, 밤 9시나 10시, 심지어 11시까지 기다렸다가 작업을 시작한다는 것은 현실성이 많이 떨어지는 이야기죠.

: 내적·외적 과제를 다 해결하고 싶어요 :

지금 가장 큰 고민은 외적인 측면보다는 내적인 측면에서 온 겁니다. 선천적으로 의지가 그리 강하지 못하고, 정리도 잘 안 되는 편이니까요. 이 두 가지가 서로 맞물려 좌절감에 빠지는 경우도 많습니다. 선생님이 『두려움 없는 창작Fearless Creating』에서 강조한 핵심 가운데 하나는 방해받지 않는 시간이 뭉텅이로 생길 때까지 기다리기보다 자잘한 자투리 시간을 잘 활용하면 창의적인 일을 할 수 있다는 내용이었습니다. 『마르지 않는 창의성Creativity for Life』에서는 아침에 일어나자마자 제일 먼저 글을 쓰는 습관을 제안하셨지요. 나도 창작 활동에 방해가 되는 우울증과 조급증을 다스리려고 나름대로 많은 노력을 기울이고 있습니다. 선생님 저서에 나온 여러 방법을 이용해 정면으로 우울증이나 조급증을 해결하기보다는, 그런 증세가 느껴질 때마다 슬그머니 작업실을 나와버리는 경우가 훨씬 많습니다.

앞으로 두 달 동안, 의뢰받은 작품을 1차로 완성해서 걸어보고 싶습니다. 이 기간 동안 아침에 일어나면 제일 먼저 그림을 그리는 습관을 몸에 익혀, 작업실에서 본격적으로 일할 준비 과정으로 삼을 수 있으면 좋겠습니다. 최고 목표로는 프렉시글라스 조각 작품 세 점을 완성하는 것입니다. 이 작품들이 완성되면 집 안에서 제일 눈에 잘 뜨이는 곳에 배치해서 시시각각 달라지는 햇빛의 각도에 따라 느낌이 어떻게 변하는지를 확인해보고 싶습니다.

— 리즈

- 내가 이해하기로 당신은 수시로 창작 활동의 공백 기간을 경험하고 있으니 이번에 의뢰받은 작품에 전력투구하지 못하는 것도 새로운 현상이라기보다는 일상 경험의 일부라고 봐도 큰 무리가 없을 것 같군요. 그러니 이 참에 이번 작품을 완성하는 것에 만족할 것이 아니라 조급증이나 우울증, 반발심, 게으름 등등 당신이 안고 있는 여러 장애물에 효과적으로 대처하는 것을 목표로 삼아보면 어떨까요?

  가능하다면 당신이 가장 이상적으로 생각하는 하루, 나아가 한 주의 작업 패턴을 설명해보세요. 또한 그런 이상적인 패턴을 시작하고 유지하는 데 장애가 되는 요인을, 더도 덜도 말고 세 가지만 꼽아볼 수 있을까요?

선생님의 지적에 가슴이 철렁하네요. 이번에 의뢰받은 작품은 모두 세 부분으로 이루어지는데, 그 가운데 그림 부분을 먼저 완성하기 위해 일일 계획과 주간 계획을 세워보고 싶습니다. 그 다음에는 나머지 두 부분을 위한 계획도 세워야겠지요.

이상적인 일일 계획표는 아침 8시 30분에 작업실로 내려가 20분 동안 전날 진행한 작업을 검토한 뒤 20분 동안 메모를 하는 것으로 시작됩니다. 그러고 나서 본격적인 그림 작업에 돌입하지요. 이 일과를 한 주에 5일씩 진행할 예정입니다.

두 시간 동안 작업을 하고 11시 15분부터 15분 동안 커피 한 잔 마시며 휴식을 취한 뒤 다시 1시 30분까지 작업을 계속합니다. 점심 식사는 30분 동안 작업실 안에서 해결합니다. 이후 한 시간은 데생 작업에 투자하고, 이어서 5시까지 오전에 하던 그림 작업이 이어집니다. 15분 동안 정리를 하고 30분 동안 그날 한 작업을 평가해서 필요하면 스케치북이나 노트에 정리를 합니다.

그 다음에는 작업실에서 나와 저녁 식사 전에 30분가량 산책을 합니다. 저녁을 먹고 나서 작업실로 돌아올 수도 있지만, 그냥 잠자리에 가서 9시 30분까지 책을 읽다가 자는 경우가 많습니다. 다음 날 5시에 일어나 아침을 먹고 6시 30분까지 책을 읽거나 글을 쓰고, 7시부터 8시 사이에는 금주禁酒 모임에 참석합니다. 이 정도가 대략적인 일과입니다.

주 단위로 보면 월, 화, 수, 금, 토요일이 작업실에 나가는 날이고, 목요일 오후에도 반나절 정도는 나갈 수 있습니다. 저녁 시간에 작업 능률이 오른다고 판단되면 시간을 조금 조정할 수도 있습니다. 하루나 이틀 정도 오후 시간을 빼서 병원에 가거나 친구를 만나 커피도 마시고 수영도 합니다. 일요일은 말 그대로 쉬는 날입니다. 교회에 가고, 금주 모임에 참석하고, 오후에는 이런저런 야외 활동을 즐기는 경우가 많습니다. 일요일 밤에 작업실로 내려가 내 작품을 살펴보고 몇 가지 메모를 하기도 합니다.

이런 이상적인 계획표를 실천에 옮기는 데 방해가 되는 요인들을 꼽으라면 다음과 같습니다.

1 14년 동안 이어온 관계를 마감해야 하는 깊은 슬픔. 동거인과 함께 살던 아파트에서 내 짐과 고양이를 옮겨야 한다. 짐 가운데 대부분은 창고에 보관해야 할 듯.

2 아직 뚜렷한 계획이 서 있지 않은 불확실한 상황에서 일정에 따라 그림을 그려야 하는 두려움.

3 부모님을 위해 장을 보고 빨래를 하는 등 소소한 심부름을 해야 하고, 오는 9월이면 거처도 새로 마련해야 함.

o 아주 명쾌하군요. 말씀하신 장애물이 상당히 현실적이니 신중하게 대책을 세워야 할 듯합니다. 일단 당신이 세운 계획표를 실행에 옮기는 것을 앞으로 2주 동안 할 일로 간주하고, 동시에 깊은 슬픔과 두려움과 소소한 심부름 등의 장애물을 극복할 준비도 병행하는 것이 좋겠습니다. 그것도 당신이 해야 할 일이니까요.

실행 보고서

이상과 현실의 괴리

말씀드리기 민망하지만, 이상적인 계획표에 속한 일들을 지난 2주 동안 하나도 실천에 옮기지 못했습니다. 사는 게 그리 호락호락하지가 않네요. 세 가지 장애물을 비롯해, 그 밖에도 몇 가지 문제가 현실화된 탓입니다. 아파트를 구하러 돌아다녀야 했고(결국 구했습니다), 병원도 여러 군데 다녀야 했으며, 의뢰받은 작품에 착수했다가 중간에 포기하고 다시 시작해야 하는 사태를 겪기도 했습니다. 연로하신 부모님을 돌봐야 했고, 내 짐과 돈 문제를 어떻게 처리할 것인지 상의하기 위해 얼마 전에 헤어진 남자친구와 다시 얼굴을 마주해야 했습니다.

거의 매일 작업실에서 시간을 보내기는 했지만, 막 그리기 시작한 그림을 물끄러미 쳐다보거나 지난 2년 동안 완성한 작품들을 정리하는 일에 대부분의 시간을 투자했습니다. 내 웹사이트를 업데이트하는 일도 처리해야 했고, 정신 건강을 더 이상 해치지 않으려고 이런저런 금주 모임에도 참석해야 했습니다. 그 모임에서 만난 후원자는 나더러 '이상적인 계획'보다는 '실행 가능한 계획'을 세우는 게 어떠냐고 조언하더군요. 그래야 내가 지금 인생의 큰 전환기를 맞이하고 있다는 사실을 더 뚜렷이 인식할 수 있고, 실패에 익숙해지는 사태를 예방할 수 있다는 것이었습니다. 듣고 보니 그럴듯한 이야기였습니다. 그렇다고 해서 선생님께 말씀드린 계획표를 포기하겠다는 뜻은 아니지만, 지금 내 상황을 고려해 더 현실적인 자세를 취할 필요가 있을 듯합니다.

선생님께 말씀드릴 계획표를 다시 한 번 검토해서 내가 가야 할 방향으로 삼고자 합니다. 다음 주에 5일짜리 워크숍이 예정되어 있기 때문에 앞으로 3일 동안은 작업실과 컴퓨터 앞에서 꼼짝도 하지 않고 강의 자료를 만들거나 자료 수집을 해야 합니다. 미리 사두어야 할 물건들도 있고, 월요일 아침에는 내 차에 스캐너 겸 프린터 두 대와 자료 네 상자, 그리고 학생들에게 나눠줄 인쇄물을 실어야 합니다. 워크숍이 끝나면 8월 2일부터 다시 작업으로 돌아갈 수 있을 텐데, 그나마 며칠은 준비 과정을 거쳐야 합니다. 워크숍이 매일 오후 4시에 끝나기 때문에 그 이후에 작업실로 내려가 그림을 그릴 체력이 남아 있을지 모르겠습니다.

그동안 아주 많은 곳을 돌아다녀야 했고 때로는 어떻게든 이성을 잃지 않으려고 안간힘을 다해야 하는 경우도 많았습니다. 물론 선생님께 말씀드린 이상적인 일간 및 주간 계획표와 전혀 동떨어진 삶을 살았다는 것도 잘 알고 있지만, 부디 나를 포기하지 마시라고 선생님께 부탁드리고 싶습니다. 나에게는 아직도 셀프 코칭이 필요합니다. 이제야 그것을 깨달았습니다. 더 이상 미루어서도 안 되고, 이런저런 핑계로 계획을 무시해서도 안 됩니다. 다음 주의 워크숍이 끝나면 다시 한 번 시도해볼 생각입니다. 이제 정서적으로도 조금 안정이 된 느낌입니다. 아직 희망을 잃지 않았고, 선생님의 귀한 가르침을 포기할 준비도 되지 않았습니다.

- 당신이 보기에 지금까지의 성과가 만족스럽지 못하다는 것은 충

분히 이해합니다만, 꼭 해야만 하는 일을 무난히 처리하고 있을 뿐 아니라 전체적으로 성공적인 삶을 꾸려가고 있다는 점을 자랑스럽게 생각할 필요가 있습니다. 그게 결코 쉬운 일은 아니니까요. 그래요, 앞으로도 꾸준히 그림을 그리고 큰 숨을 한번 내쉰 뒤 실행 가능한 계획표를 만들어보는 것은 좋은 일입니다. 새로운 계획표는 되도록 단순하게 만들고, '부족하다'와 '지나치다' 사이의 균형을 잘 잡아가시기 바랍니다. 앞으로 지금보다 더 좋아질 수 있다는 낙관적인 마음도 잃지 마시고요. 당신은 이미 많은 일을 하고 있습니다. 더 많은 일을 해야 하는 것은 물론입니다만, 할 수 있다는 믿음을 가지시기 바랍니다.

시각 예술을 하는 사람이 낮 시간 동안 다른 생업에 종사하지도 않으면서 아침 일찍 일어나 다른 일로 시간을 보내다가 저녁 무렵이 되어서야 작업을 시작하는 것이 한편으로는 조금 이상하게 보일지도 모른다. 다른 한편으로 심리적·실존적·정서적·현실적 과제들을 안고 사는 예술가들에게는 하루 24시간이 모자라는 경우도 많다. 이런 때 '그림을 그릴 엄두가 나지 않아' 혹은 '어제 그린 그림을 망치고 싶지 않아' 혹은 '내가 왜 이런 그림을 그리고 있는지 알 수가 없어' 하는 생각에 사로잡혀 있으면 하루가 그냥 지나가버린다. 이런 사람들이 얼마나 많은지 모른다.

17

3분의 1 남은 초고, 마무리가 어렵다

작가·법원 서기

창의적인 삶에 영향을 미치는 습관은 다른 것에도 영향을 미친다.
경우에 따라서는 집필을 완료하는 유일한 방법이
평소보다 한 시간 빨리 일어나 옷을 갈아입고
일을 나가기 전에 공원에 들러 글을 쓰는 것일 수도 있다.
이렇게 공원에서 보내는 시간은
글쓰기뿐만 아니라 다른 부분에도 좋은 영향을 미친다.
현실성이 떨어지는 이야기라고?
한 영국 작가의 증언을 직접 들어보자.

: 완벽에 가까운 초고를 위해 :

나는 글을 씁니다. 지금은 역사 소설을 쓰고 있습니다. 두 작품을 쓰고 있지만 두 달에 걸친 셀프 코칭 기간에는 한 가지만 집중적으로 소화할 생각입니다. 가능하면 그 사이에 이 작품을 끝내고 싶은데, 정 안 되면 완벽에 가까운 초고라도 완성하고 싶습니다. 이 소설을 시작하기 전에는 논픽션을 제법 꾸준히 써온 편입니다. 학술적인 내용이 아닌 취미 생활이나 자기계발 분야의 가벼운 글들을 주로 썼습니다.

예전부터 소설에 욕심이 있었던 터라, 야심차게 한 권을 쓰기 시작했습니다. 지금까지 3분의 2, 즉 8만 단어가량을 썼고 앞으로 3만 단어를 더 쓰면 마무리될 것으로 보입니다. 하지만 이 3분의 2를 어찌나 많이 고쳤는지 아직 마무리는 엄두도 내지 못하는 상황입니다. 뒤로 갈수록 질이 떨어진다는 평가를 받지 않을까 두렵습니다. 글 쓰는 친구들도 뭔가 문제가 생겼다는 사실을 알아차린 듯 페이스북에다 "그 소설은 도대체 어떻게 된 거야?"라는 질문을 남기곤 합니다.

문제는 주 5일 동안 직장에 나가야 한다는 점인데, 엄밀히 말해서 그것 자체는 문제가 아닙니다. 나이가 있다 보니(올해 쉰여덟입니다) 맡은 일이 비교적 많지 않아서 거의 매일 글을 쓸 시간을 어느 정도는 낼 수 있으니까요.

이 기간 동안 소설을 마무리한 뒤 새 프로젝트를 시작하고 싶습니다. 최소 목표는 나중에 조금만 손을 보면 되도록 완벽에 가까운 초고를 완성하는 것입니다. 궁극적인 목표는 이 소설을 완전히 마무리해서 적당한 에이전트나 편집자에게 넘기는 일이겠지요. 앞으로 두 달 동안 작가 신분으로 돌아가 창작의 즐거움을 느낄 수 있으면 좋겠습니다.

—— **에밀리**

- 아주 명쾌하네요. 이 소설부터 끝내고 봅시다! 어떻게 계획을 세우면 그런 목표를 달성할 수 있을까요? 나 같으면 아침에 일어나서 '진짜 하루'가 시작되기 전에 글을 쓰는 게 좋을 것 같은데, 어떻게 생각하십니까?

아주 단순하고 실행 가능한 계획을 세우는 것이 좋겠지요. 하루 가운데 언제를 글 쓰는 시간으로 정하고 싶습니까? 물론 그 시간이 길면 좋겠지만, 일단은 매일 한 시간씩 쓰는 것부터 합시다. 언제가 좋을까요?

선생님의 답장을 받고 생각을 좀 해봤어요. 나는 법원 서기로 일하고 있습니다. 법정에 출두한 증인을 증인석으로 데려가 선서를 시키는 게 내 일이에요. 상당히 긴장을 해야 되니까 아침에 지각을 하면 절대 안 됩니다. 그래도 근무 시간은 9시부터 5시까지로 고정되어 있어요. 젊었을 때는 성공에 대한 야심도 있었지만, 지금은 특별히 업무를 준비할 필요도 없고 야근 같은 것도 없습니다. 그래서 아침에 한 시간 정도 일찍 집에서 출발해 법원 맞은편 공원에서 글을 쓰면 어떨까 하는 생각을 해보았습니다. 공원에는 벌집도 있고 까마귀도 있고 운동하는 사람들도 있지요. 글 쓰는 사람도 하나쯤 있으면 어떨까 싶습니다.

조금 더 시간이 흐르면 저녁에도 글 쓸 시간을 좀 낼 수 있겠지만, 지금은 일 끝나고 집에 돌아가자마자 녹초가 되어버립니다. 그러니 일단 아침 7시 45분부터 8시 45분까지 한 시간을 글 쓰는 시간으로 정해보려 합니다.

- 정말 멋진 계획이네요!(참, 날씨가 안 좋을 때를 위한 대책도 생각해두어야 하겠습니다.) 앞으로 2주 동안 그 계획을 실행에 옮겨봅시다.

실행 보고서

창의력은 공간의 문제

7월 15일(월)

평소보다 한 시간 일찍 일어나서 집을 나섰습니다. 서두르다 보니 조금 피곤하긴 했지만 금방 괜찮아질 거라고 생각했지요. 그런데 지하철에서 사고가 나는 바람에 한 시간이나 일찍 출발했는데도 결국 15분 지각을 하고 말았습니다. 있어서는 안 될 일이었고, 글도 전혀 쓰지 못했습니다. 한숨밖에 안 나오더군요. 그래도 점심시간 동안 몇 자 끼적이기는 했습니다. 옆에 앉은 법률가가 자꾸 쳐다봐서 좀 무안하기는 했지만, 정말 오랜만에 내 소설에 관련된 일을 해본 느낌이라 기분은 아주 좋습니다.

7월 16일(화)

오늘은 한 시간 일찍 일어나는 게 그렇게 힘들지는 않더군요. 화장도 하지 않고 아침 식사도 건너뛴 채 열차를 탄 덕분에, 드디어 성공했습니다. 생각보다 훨씬 괜찮더라고요. 한 시간이 당겨지니 마주치는 사람들의 면면도 달라졌습니다. 주로 청소하시는 분들이나 보안 업무에 종사하는 분들이 일찍 나오시더군요. 노란색 조끼를 입은 사람들 말입니다. 그분들은 평소에 나랑 같은 교통편을 이용하는 은행원들보다 훨씬 친절해서 정말 기분이 좋았습니다. 미소를 지을 줄 아는 분들이었어요. 공원에 도착해서 19장을 쓰기 시작했습니다. 쉽지 않더군요. 이 소설의 뒷부분에 대한 믿음이 사라진 느낌입니다.

7월 17일(수)

소설의 진행 상황이 마음에 들지 않습니다. 오늘은 한 시간 일찍 공원으로 나온 지 이틀째 되는 날입니다. 공원은 정말 마음에 들고, 개랑 산책하는 사람들이나 벌들, 운동하는 사람들을 보고 있으면 마음이 편안해집니다. 하지만 소설은 정말 뜻대로 되지 않네요. 중간 부분에서 이야기가 늘어지기 시작해 19장만 벌써 다섯 번째 고쳐 쓰는 중입니다. 이래가지고 올여름 안에 초고를 마칠 수 있을까요? 오늘은 집에서 책을 한 권 가지고 나왔습니다. 몇 년 전에 사두었던 것인데, 당시 글쓰기 강좌 선생님이 형편없는 책이라고 깎아내리는 바람에 그동안 제대로 읽어보지 않았거든요. 글쓰기 강좌는 그때가 딱 두 번째라 선생님 말이라면 사족을 못 쓰던 때였습니다. 아무튼 지금이라도 읽어볼 생각입니다. 제목은 『30일 만에 소설 쓰는 법』인데, 오늘 1장을 읽고 연습을 시작했습니다.

7월 18일(목)

공원에서는 물론 점심시간에도 『30일 만에 소설 쓰는 법』을 읽었습니다. 이번 주에 함께 일하는 법률가가 그 책을 보고 관심을 보이더군요. 조금 창피하기는 했지만, 소설 쓰는 게 목표인데 중간 부분이 자꾸 늘어져서 뜻대로 되지 않는다고 했더니, 그분도 이 책에서 설명한 것과 비슷한 방법으로 논고를 쓴다고 해서 깜짝 놀랐습니다. 법조계에서는 아주 유명한 분이거든요.

7월 19일(금)

한 시간 일찍 공원으로 나가는 것이 정말 마음에 듭니다. 이런 즐거움을 모르고 살아온 지난날들이 아쉽게 느껴질 지경입니다. 오늘은 서커스인지 마술 쇼인지를 준비하는 남자가 내 시선을 끌었습니다. 물을 가득 채운 컵을 한쪽 팔과 등, 이어서 반대편 팔로 이동시키는 연습을 하고 있더군요. 내가 공원에 앉아 있는 시간 동안 최소한 25~30번 정도는 같은 연습을 되풀이하는 것 같았습니다. 그 모습을 지켜보고 있으니 글이 뜻대로 써지지 않는다고 한탄했던 내가 창피하게 느껴졌습니다.

7월 20일(토)

출근을 하지 않는 날이라 해리치라 불리는 바닷가로 나갔습니다. 어느 순간 창의력은 공간에 대한 문제라는 생각이 들기 시작하더군요. 2주 동안 매일 일정한 시간을 아무런 방해도 받지 않고 글쓰기에 투자할 수 있으니, 자연스럽게 창의성 문제를 해결할 방법들이 떠오르기 시작했습니다. 이런 시도를 해보기로 마음먹은 게 정말 잘한 일 같습니다.

7월 21일(일)

어제 햇볕을 너무 많이 쬔 것 같아서 오늘은 그냥 집에 있었습니다. 집안일도 좀 해야 했고요. 그래도 오후 느지막이 우리 아파트 뒷마당으로 나가 한 시간가량 소설을 정리했습니다. 정말 소중한 시간이었습니다. 『30일 만에 소설 쓰는 법』에서 들려준 조언에 따라 계획표를 수정하기도 했습니다. 이 책은 정말 나하고 잘 맞는 것 같아요. 나는 글 쓰는 속도가 워낙 느려서 다작은 애당초 나하고 상관없는 능력이라고 생각했거든요.

7월 22일(월)

오늘 아침에도 공원에 나가는 시간이 좀 늦었지만 그 대신 점심시간에 보충을 했으니 큰 문제는 되지 않습니다. 『30일 만에 소설 쓰는 법』을 무슨 경전처럼 따르다 보니, 정상적인 일과를 보내고 있는데도 꼭 휴가 때 이 책에 흠뻑 빠져 있는 느낌입니다. 글쓰기든 뭐든, 지금까지 한 번도 한 가지 일에 이렇게 빠져들어 본 적이 없어서 아주 색다른 기분이네요. 매일 규칙적으로 글쓰기에 힘을 쏟고 있어서 그런지, 공과금 납부와 같은 집안일도 어느 때보다 시간 맞춰 처리하는 내가 신기할 정도입니다.

7월 23일(화)

일찍 일어나서 공원으로 나갔습니다. 즐거운 시간이었어요. 런던의 기온은 아직도 섭씨 30도를 웃돕니다. 조금은 낯설게 느껴질 만큼 더운 날씨가 이어지고 있어요. 그래도 할 일을 꾸준히 한 끝에 지금은 소설의 각 장면을 대략적으로나마 정리하게 되었습니다. 이 개요를 가지고 브레인스토밍을 하면 조금 더 구체적인 계획이 잡힐 것이고, 이제 머지않아 본격적으로 이 소설의 후반부를 공략하는 '진짜 작업'에 돌입할 수 있을 것 같습니다.

7월 24일(수)

오늘도 공원에서 목표한 시간을 채웠을 뿐 아니라, 저녁에는 랭커스터 게이트의 어느 펍에서 진행된 글쓰기 모임에도 참석했습니다. 런던에서는 전통적으로 작가들이 펍에서 모임을 갖는 경우가 많은데, 덕분에 오늘 정말 유익한 시간을 보냈습니다. 소설의 개요를 발표하고 많은 조언을 얻었으며, 이는 작품의 후반부를 마무리하는 데 많은 도움이 될 듯합니다.

7월 25일(목)

오늘은 편두통 때문에 고생을 좀 했습니다. 소설 때문에 신경을 너무 많이 쓴 모양이네요, 하하. 런던은 아직도 많이 덥습니다.

7월 26일(금)

오늘은 크리켓 경기장에서 진행된 '야외 작업' 행사에 참여했습니다. 일반인들은 이 경기장에서 행사를 치를 엄두도 내지 못할 만큼 유명한 곳이라 나도 직접 거기서 글을 쓰지는 않았지만, 퇴근 후 경기장 주변의 정원에서 좋은 시간을 보냈습니다. 이제 초고에 들어갈 내용은 어느 정도 구체적으로 정리가 되었습니다. 그러고 보니 지난 2주 동안 아주 많은 글을 썼네요.

7월 27일(토)

시내에 나갔습니다. 마침 런던을 관통하는 자전거 대회를 하고 있어서 관광객들과 뒤섞여 북새통이더군요. 대부분의 도로가 폐쇄된 가운데, 바람처럼 달려가는 자전거들을 바라보며 길가에 앉아 작업에 몰두했습니다. 정말로 언제 어디서든 글을 쓸 수 있는 방법을 배운 것 같습니다.

o 정말 좋은 소식이군요! 매일같이 글 쓰는 습관이 생기고 작품에 그렇게 많은 정성을 쏟았으니, 커다란 발전을 이룬 셈입니다.
이제 간단하면서도 효과적인 3주 계획을 세워 최선을 다해 실행에 옮긴 뒤, 그 결과를 알려주시기 바랍니다. 만약 그 방법이 효과적이라고 생각되면 앞으로 계속 밀어붙여도 괜찮을 듯합니다. 수고하셨습니다!

세상으로 나가 글을 쓰는 방법을 터득하면 작가의 삶에 커다란 변화가 생긴다. 더 이상 특정한 시간과 장소의 제약을 받지 않아도 되기 때문이다. 나는 지금 이 글을 공항에서 쓰고 있다. 공항에서 글을 쓰면 안 된다는 법이라도 있는가? 버스 안이나 바닷가에서는? 만약 그런 것이 어색하게 느껴진다면 그런 어색함을 해소하는 것을 셀프 코칭의 목표로 삼아도 좋다. 모든 공원 벤치가 당신의 작업실이 될 수 있으니까!

18

작품 활동과 경제적 이익, 둘 다 붙잡고 싶다

화가

화가로 첫발을 내디딘 사람이 운이 좋아서
일찌감치 화랑과 계약을 맺고 첫 작품을 판다.
하지만 그 직후 미술품 시장이 붕괴되어 문 닫는 화랑들이 속출한다.
어떻게 할 것인가? 그런 사태가 벌어지지 않았으면 좋겠지만,
이미 벌어져버렸다. 그런 사태가 나에게만은 별다른 영향을
미치지 않았으면 좋겠지만 그건 헛된 희망 사항일 뿐이다.
많은 예술가들이 시장에서 큰 어려움을 겪는데,
성공을 경험했던 사람일수록 그 어려움은 더욱 커진다.
처음부터 없었으면 몰라도,
가진 것을 잃으면 그만큼 상처가 크기 때문이다.

: 문 닫는 화랑들에 의기소침 :

나는 혼합 매체 작업을 주로 하는 화가입니다. 단색 판화 작업도 하고 있습니다. 상상력을 동원한 추상적인 작품을 만듭니다. 미리 어떤 아이디어를 정해두기보다는 과정에 충실한 작품을 만들기 위해 노력하는 편입니다.

2004년에 40대의 나이로 순수미술 과정을 졸업했습니다. 체계적

으로 미술을 공부하고 전업 화가로 활동하는 것은 내 일생일대의 꿈이었습니다. 학교에서도 내 작품을 인정하고 칭찬을 아끼지 않았습니다. 졸업을 하자마자 내가 사는 도시의 유력한 화랑에서 제의가 들어왔는데, 여기는 현대 미술을 전공한 모든 화가들이 동경하는 대표적인 미술관이었습니다. 동료들이 워낙 쟁쟁해서 조금 겁이 나기도 했지만, 다른 한편으로는 이제 찬란한 미래가 열리는 것 같아 설레는 마음 가눌 길이 없었습니다.

어렵지 않게 작품을 몇 점 팔았고 개인전도 두 차례에 걸쳐 성공리에 개최했습니다. 그러던 어느 날, 화랑의 관장이 은퇴하면서 건물을 매각하는 바람에 25년 이상 우리 지역 예술의 교두보 역할을 하던 미술관이 문을 닫고 말았습니다. 내가 화랑과 함께 일한 지 2년밖에 안 되는 시점이었고, 다른 화랑은 알아볼 생각조차 하지 않던 때였지요.

나는 독립을 하기로 마음먹고 이른바 '작업실 투어'라는 프로그램에 참여했습니다. 이 프로그램에 참여하는 화가들은 일 년에 두 차례씩, 여름에 열흘과 늦가을에 나흘 동안 자신의 작업실을 개방합니다. 여기에 참여해 처음 몇 년 동안은 작품을 여러 점 팔았을뿐더러 반응도 아주 좋았습니다. 하지만 2008년의 경기 침체와 함께 모든 화가들의 작품 판매량이 크게 줄어드는 바람에 작업실을 개방해야 하는 상황이 무척 부담스럽게 다가오기 시작했습니다.

그 무렵 다행히 함께 일할 다른 미술관을 한 군데 알게 되었습니다. 하지만 이 미술관도 내가 합류한 지 2년 만에 경영난으로 문을 닫고 말았습니다. 그 뒤에 새로 생긴 미술관 한 곳과 손을 잡았으나 이 미술관은 1년 반 동안 내 작품을 한 점도 팔지 못하더니 역시 얼마 전 문을 닫고 말았습니다.

지금은 어느 미술관에도 소속되지 않은 상태이고, 최근 경험에 비춰볼 때 다른 미술관을 또 알아볼 엄두가 나지 않습니다. 화가로 출발할 당시부터 전국의 몇몇 미술관을 내 작품의 대리인으로 확보하는 것을 목표로 삼았었는데, 지금은 여전히 이런 목표를 추구할 가치가 있을까 하는 회의가 들면서 다른 대안을 찾아야 하지 않을까 싶습니다.

: 창작욕을 되살리고 돈도 벌고 싶어요 :

현재 창작 활동과 관련된 나의 고민은 굉장히 복합적입니다. 우선, 작품을 어떻게 판매할 것인가 하는 외적인 숙제가 있습니다. 수많은 미술관들이 문을 닫는 요즘 세상에, 거리상의 문제 때문에 내 그림이 어떻게 관리되는지 제대로 살펴볼 수조차 없는 상황에서, 작품을 되찾지 못할 위험까지 무릅쓰고 굳이 전국 각지의 미술관으로 그림을 실어 보내며 새로운 미술관을 알아볼 필요가 있을까 하는 고민입니다. 내가 보기에 지금 미술계는 커다란 변화를 겪고 있고, 가상현실이 지배하는 세상에서 전통적인 미술관은 더 이상 살아남기가 힘들지 않을까 싶습니다.

다른 문제점은 내적 고민과 관련되어 그렇게까지 명확하지는 않습니다. 벌써 꽤 오랫동안 작품 활동에서 손을 놓고 있는데, 왜 작업에 흥미를 갖지 못할까 하는 고민입니다. 새로 생긴 미술회관에서 일을 봐

주느라 상당한 시간을 빼앗기고 있고, 해마다 참여하는 하계 작업실 투어도 준비해야 하기 때문에 선뜻 작업에 손을 대지 못하고 있습니다. 혼자 있을 조용한 시간조차 거의 없을 지경이니 자꾸만 창작에서 멀어지고 뚜렷한 목적의식도 잃어버린 느낌입니다. 이전에도 한동안 작업에서 손을 놓은 적은 있지만, 그때마다 마음만 먹으면 금방 원래대로 돌아갈 수 있었습니다. 이러다가는 점점 마음만 조급해지고 화가 치민다는 것을 잘 알기 때문에, 일종의 준비 운동으로 창의성을 끌어내기 위해 처음에는 별로 중요하지 않은 간단한 작업부터 하는 경우가 많습니다. 이렇게 일단 일손이 잡히기 시작하면 점점 큰 일로 이어지고, 결국은 성공적으로 교착 상태를 헤쳐 나올 수 있었습니다. 그래서 언제든 돌아갈 수 있다고 믿었는데, 웬지 이번에는 느낌이 다릅니다. 그 이유도 잘 모르겠고요.

또 하나, 경제적 문제도 더 이상 외면할 수 없는 상황입니다. 그동안 남편이 하는 일이 꽤 잘되어 전폭적인 지원을 받았습니다. 학비는 물론, 내가 성공적으로 화가의 길을 걸을 수 있었던 데에는 남편의 도움이 절대적인 비중을 차지합니다. 나도 그동안 그럭저럭 잘 버텨왔지만 2년 전 사태가 악화되기 시작했습니다. 가정 경제의 한몫을 감당하지 못하는 자신에 대해 극심한 죄책감을 느꼈고, 뭔가 다른 일을 해서라도 돈을 좀 벌어야 하지 않을까 하는 생각이 뇌리를 떠나지 않습니다. 하지만 화가로서의 경력을 계속 이어가기 위해서는 작품 활동과 홍보 활동에 상당한 시간을 투자해야 하고, 그러지 못하면 화가가 아니라 그저 취미로 그림을 그리는 데 만족해야 할 것입니다.

꿈은 산산이 깨지고 그동안 투자했던 시간들은 모두 물거품이 되었습니다. 화가로서의 나 자신에게 충실한 동시에 남편과의 동반자 관계에서 내 몫을 해야 한다는 조급함 때문에 손발이 묶이고 온몸이 꽁꽁 얼어버린 느낌입니다. 특히 새로운 사업, 새로운 미술관을 만들기 위해 발버둥 치던 지난날을 돌아보면 더욱 마음이 괴롭습니다. 창작 에너지는 온갖 행정 절차와 잡무로 소진되고 마음은 어수선하기 그지없습니다. 예술 활동과 제2의 직업이 과연 공존할 수 있을까요?

앞으로 두 달 동안 작품 활동에 대한 거부감의 원인을 가려내고 작업실로 돌아가 일정한 시간을 작업에 투자하는 일상이 정착되었으면 좋겠습니다. 집중력을 발휘하여 자신 있게 전시에 내세울 수 있는 작품들을 만들어야 합니다. 그래야 또 다른 상업미술관을 찾아 내 작품을 맡기든지, 아니면 어떻게든 공간을 임대해 스스로 전시회를 열든지 할 수 있을 테니까 말입니다.

화가로서의 활동을 꾸준히 이어가는 동시에 돈을 벌 수 있는 다른 일거리를 찾아 그 두 가지가 서로를 보완하도록 할 수만 있다면 얼마나 좋을까요. 요즘은 어쩌면 카운슬링이 그런 역할을 해줄 수 있지 않을까 하는 생각을 하고 있습니다. 좀 더 구체적으로 그 가능성을 타진해보는 동시에, 자꾸만 나를 작품 활동에서 멀어지게 만드는 요인이 무엇인지도 명확하게 정리해보고 싶습니다.

—— **크리스**

○ 조금 어려운 질문을 몇 가지 드려볼까 합니다. 첫째, 작품을 팔기가

점점 더 어려워지니 아예 그쪽은 포기하고 카운슬링을 전문적으로 해볼 의향이 있습니까? 카운슬링이 작품 활동을 포기하는 아쉬움을 달래주기에 충분할 만큼 '의미 있는 기회'가 될 수 있을까요? 둘째, 만약 그것이 가능하지 않거나 바람직하지 않다면, 판매 목적이 아닌 그림을 그릴 수는 있습니까? 만약 처음부터 상업적 측면을 완전히 배제한다면, 작품 활동의 동기나 의미는 어디에서 찾을 수 있을까요? 셋째, 반드시 작품을 팔아야 하는 상황이라면, 또한 그것이 유일한 동기로 작용한다면, 지금 같은 경제적 현실 속에서 작품을 판매할 수 있는 현실적이고도 구체적인 계획을 세울 수 있습니까?

고맙습니다. 선생님의 질문을 계기로 작품 활동을 다시 한 번 돌아보게 되네요. 사실 나도 얼마 전부터 고민하던 문제들이기도 하고요. 어쩌면 이것이 내가 내 작품과의 관계를 새롭게 정리하고 싶다는 욕심으로 손에서 일을 놓고 있는 이유인지도 모릅니다.

더 이상 창작을 하지 않는 나 자신을 상상해보면 커다란 슬픔과 상실감이 몰려옵니다. 내가 원하는 것은 그게 아닌 것 같아요. 나에게 창작은 나의 삶 전체를 관통하는 어떤 필요성에 토대를 둔 것이고, 내 몸과 마음과 영혼이 살아남기 위해 반드시 필요한 무엇입니다. 카운슬링 역시 남을 돕는다는 차원에서 충분히 의미 있고 만족스러운 일이지만, 작품 활동은 그와는 또 다른 만족감을 가져다줍니다. 그것을 통해 내 영혼 깊숙이 자리 잡은 나 아닌 무엇, 나보다 훨씬 더 훌륭한 것을 이끌어낼 수 있으니까요. 지금 나에게 작품 활동보다 더 의미 있는 일은 없습니다.

나의 발목을 잡는 고민 가운데 또 하나는 바로 먹고사는 문제입니다. 나는 오래전부터 예술 작품의 완성은 전시 공간에서 작품과 관람자 사이에 형성되는 관계에 토대를 둔다는 믿음을 가지고 있습니다. 그래서 나는 관람자가 작품을 바라볼 때 어떤 느낌을 갖는지에 많은 관심을 기울입니다. 돈을 벌어야 한다는 부담을 떨칠 수 있다면 작품 판매에 신경을 쓸 필요도 없을 것이고, 오로지 작품 활동에 초점을 맞춰 텅 빈 캔버스에서 시작되는 창작 과정을 더욱 완벽한 순간으로 장식할 수 있을 것입니다.

따라서 내가 작품 활동을 하는 진정한 동기는 나 자신과 완성된 작품을 관람하는 사람들이 그런 경험을 공유할 수 있다는 점입니다. 관람자가 내 작품을 구매하기로 결정한다면, 그것은 내 작품에 대한 최고의 찬사인 동시에 그런 의미 있는 경험을 앞으로도 계속하고 싶다는 의지의 표현으로 해석되지 않을까요.

작품 활동을 보완해줄, 다시 말해 먹고살기 위해 작품을 팔지 않아도 되는 환경을 만들어줄 제2의 일거리를 상상해보면, 제일 먼저 그 일에 쏟아 부어야 할 시간, 그리고 그것이 작품 활동에 미칠 영향이 마음에 걸립니다. 어쩌면 이것은 막연한 두려움에 불과하기 때문에 내가 가진 에너지를 효과적으로 활용하는 문제와는 별개일지도 모르지만, 외부의 압박에 쫓길 때는 창의력이 차단되어버리는 현상을 여러 차례 경험한 적이 있습니다. 마감 시간을 맞추는 데 급급하다 보면 작품의 질적인 발전을 기대하기 어렵겠지요. 진짜 예술가라면 자신의 모든 것을 작품 활동에 쏟아 부어야 하고, 그러지 못하면 기껏해야 그저 평범한 화가로 남을 수밖에 없을 텐데, 나는 정말 그렇게 되고 싶지는 않습니다. 어쩌면 그 두 가지 사이에 균형을 맞출 방법이 있을지도 모르지만, 아직 거기까지는 아는 바가 없습니다. 아무래도 이토록 복잡한 정보의 시대를 살아가면서 창작 활동의 공간을 꾸려가기란 쉬운 일이 아닐 겁니다.

창작 활동의 동기가 오로지 작품 판매만은 아니기 때문에 그리 비싸지 않은 모조품이나 그림엽서 같은 소품으로 돈을 벌겠다는 생각은 본질을 벗어날 뿐 아니라 좋은 미술관을 확보하는 데에도 걸림돌로 작용하지 않을까 싶습니다. 미술관은 그런 식으로까지 자기 홍보에 열을 올리는 예술가들을 호의적으로 보지 않으니까요. 하지만 내가 완전히 궤도를 수정해 나를 대리해줄 미술관을 확보하겠다는 야심을 포기하면 이것도 하나의 대안이 될 수 있습니다. 지금까지 그런 생각은 별로 해본 적이 없습니다. 대신 앞으로 혹시 필요할지도 모를 기회의 가능성을 미리 차단해버리지는 말라는 조언은 여러 차례 들었습니다.

지금은 나 자신에 대한 재평가와 함께 새로운 방향을 모색해야 할 시기인 듯합니다. 예술가의 길로 접어든 이후 지금까지 나의 모든 작품 활동은 전시나 작업실 투어와 같은 어떤 이유 때문에 이루어졌다고 해도 과언이 아닙니다. 마감 시간이나 구체적인 목표 없이 무작정 그림을 그린 적은 거의 없는 셈이지요. 그렇다 보니 나를 작품 활동으로 떠미는 외부 조건에 의지하게 되지 않았나 싶습니다. 시간을 마음대로 쓸 수 있는 호사를 누리지 못한 탓에 새로운 아이디어를 모색하는 일도 소극적일 수밖에 없었고요.

반드시 작품을 팔아야 한다는 부담감을 떨쳐버리고 나와 작품 사이에 새로운 관계를 구축하게 되면 어떤 일이 벌어질지 확인하고 싶은 마음 간절합니다.

- 한편으로는 상당히 명쾌하게 당신의 입장이 정리되었지만 다른 한편으로 지금 당장은 '좀 더 생각해봐야겠다'라는 차원 이상의 구체적인 목표는 찾아보기 어려운 듯합니다. 향후 2주 동안 그에 덧붙여 제2의 목표를 하나 더하는 것은 어떨까요? 이를테면 생각을 정리하는 한편으로 하루에 한 시간은 반드시 작품 활동에 투자한다는 식의 간단한 목표를 세워보는 것입니다. 이런 식으로 현실적인 고민과 창의적인 활동을 병행하는 것은 단기 목표로는 꽤 합리적인 조합이 될 듯합니다.

실행 보고서

일이 아닌 놀이처럼

셀프 코칭을 시도한 2주 동안 작업실에서 그리 많은 시간을 보내지 못했습니다. 여름에는 워낙 이런저런 일들이 많기 때문에 작업에 전념하기가 쉽지 않거든요. 그래도 작품 활동을 둘러싼 내 감정을 정리해볼 계기는 되었습니다. 몇 가지 진실을 발견하기도 했고요.

나에게 작품 활동은 일종의 '천직'이자 꿈이 이루어진 것과 다름없습니다. 그 꿈을 온전히 이루기 위해서는 창작에만 전념해야 한다는 믿음을 가지고 있습니다. 바꿔 말해서 내 역량과 시간을 다 바쳐 완전히 빠져들지 않으면 성공적으로 창작을 이어갈 수 없다고 믿습니다. 하지만 현실적으로 그게 불가능해지면 밀려오는 좌절감을 굳이 억누를 시도조차 하지 않는 편입니다. 말하자면 "내 발목을 잡는 온갖 잡일들이 이렇게 많은데 어떻게 작품을 마무리할 수 있겠어? 그건 불가능해. 나에게도 숨 쉴 공간이 필요하다고!" 하고 투덜거리는 식입니다.

이런 좌절감은 창의적인 에너지의 흐름을 차단하고, 나아가 이런 상태로는 작품 활동을 성공적으로 이어가지 못할 거라는 예상이 빗나가지 않았다고 자조하는 결과를 초래합니다. 상황이 어떠하건 간에, 숨 쉴 공간을 만들어내는 것은 순전히 나 자신에게 달린 문제임을 깨달았습니다. 생각을 바꾸어 좀 더 긍정적인 사고에 익숙해지면 내가 가진 에너지를 한곳에 집중하는 일도 얼마든지 가능할 테니까요.

또 한 가지 고민은 예술을 비즈니스로 바라봐야 하는 현실에 대한 실망입니다. 어떤 면에서는 예술 활동을 통해 최소한의 생활수준을 영위할 수 있어야 한다는 기대치 때문에 이런 실망감이 생겨난 것 아닐까 싶습니다. 지금까지는 미술 시장이 내 작품의 가치를 좌우하는 결정적 요인이라고 생각해왔습니다. 그 시장에서 내 가치를 인정받기 위해 할 수 있는 모든 일을 다 했는데, 그런 노력의 결과가 기대치에 부합하지 않으니 자신감이 크게 떨어지는 것도 무리가 아니겠지요. 경제 상황이 변하고 미술품 판매가 감소하는 것을 지켜보면서, 작품을 팔지 못하면 화가로 성공할 수 없는 것일까 하는 의문을 품게 되었습니다. 선생님의 질문을 접하고 보니 이런 연관성을 좀 더 뚜렷하게 바라볼 수 있게 되었고, 예술 그 자체를 위한 예술이라는 지향점을 되찾는 데 큰 도움이 되었습니다.

그래서 나의 '생각'이 이런 태만의 늪으로 빠져든 나의 책임을 좀 더 명확하게 바라보는 데 단서를 제공한 느낌입니다. 덕분에 이제 '일'이 아니라 '놀이'라는 관점에서 작업에 접근할 수 있을 것 같습니다. 이제부터 "잘되고 있어?"라는 질문을 받았을 때 내가 어떤 반응을 보이는지 면밀하게 점검해볼까 합니다. 예전에는 내가 처한 여러 부정적인 상황에 대해 솔직하게 대답해야 한다는 부담이 컸던 반면, 이제부터라도 끊임없는 아이디어 구상을 통해 조금씩 앞으로 나아가고 있다는 사실에 초점을 맞출 필요가 있을 듯합니다.

내 작품을 좋아하는 동부의 어느 화가가 오는 9월에 내 작업실을 방문해 직접 작품을 보고 싶다는 뜻을 전해 왔습니다. 처음에는 작업실을 옮긴 뒤로 별로 해놓은 게 없어서 조금 망설였지만, 일단 그의 요청을 수락하는 것이 나에게도 도움이 될 거라는 생각이 들었습니다. 그래야 그때쯤이면 원래 궤도로 돌아갈 수 있을 거라는 믿음을 키울 수 있을 테니까요.

- 정말 좋은 소식이군요. 그 정도면 커다란 성과가 아닐 수 없습니다. 다가올 3주 역시 최대한 간단하고 효과적인 계획을 세워서 실행에 옮기고, 그 결과를 알려주시면 감사하겠습니다. 반드시 좋은

결과가 나올 거라는 믿음을 가지고 계속 노력해봅시다.

만약 당신이 완전히 고립된 하나의 섬이라면, 뭍에서 어떤 일이 벌어지고 있는지에 신경을 쓸 필요가 없다. 하지만 당신이 세운 목표와 투자하는 노력이 다른 사람들이나 바깥세상과 관련되어 있다면, 그 모든 일에 신경을 쓰든가 아니면 당신의 목표와 투자를 그에 맞춰 변화시켜야 한다. 전자를 선택할 경우에는 세상과 맞서야 한다. 후자를 선택할 경우에는 변화와 마주해야 한다. 꼼짝도 하지 않고 가만히 앉아서 고민만 하는 것은 해답이 아니다. 세상과 맞서거나, 아니면 진정한 변화를 시도해야 한다.

19

망설이고 걱정하느라 나아가지 못한다

사진작가

창의적인 사람들 중에는 이런 경험을 하는 이들이 많다.
실제로 창의적인 일을 하는 것보다
그 일을 하기 위해 마음을 잡기가 더 힘들다는 것이다.
일단 마음을 잡고 나면 일은 일사천리로 진행되지만,
거기까지 가기가 왜 그리도 힘든지!
의심, 근심, 잡념, 반발, 실존적 절망, 그 밖의 수많은 훼방꾼들이
지치지도 않고 발목을 잡는다.
이럴 때 전등 스위치를 켜듯 탁 켜기만 하면
곧장 창의적인 모드로 들어갈 수 있는 스위치가 있다면!
사실은 정말로 그런 스위치가 있다.

: 두려움과 걱정의 악순환 :

나는 사진작가입니다. 거의 30년 동안 사진을 이용한 예술 활동을 하고 있지요. 적극적으로 사진을 팔기 위해 노력한 지는 5년 정도 됩니다. 어느 정도 성공을 거두기는 했지만, 그보다는 아무 반응도 이끌어내지 못한 경우가 훨씬 많습니다.

실은 성공이라는 단어를 입에 담기가 무척 조심스럽습니다. 지금

까지 나를 지원하거나 내가 하는 일에 관심을 가져준 분들에 대해서도 조심스러운 구석이 있고요. 왠지 무례한 느낌이 들어서 말입니다. 사실 여기서 성공을 거론하기란 적절하지 않습니다. 지금까지의 경험을 내가 있는 그대로 받아들여서는 곤란하다는 생각입니다.

누군가 나에게 관심을 표명하면 (거의 필연적으로) 전자우편을 비롯한 각종 통신 수단을 이용해 연락을 주고받게 되는데, 이럴 때 나는 조금이라도 실수를 하면 안 된다는 생각 때문에 대응이 상당히 느린 편입니다. 사실은 그런 생각만으로도 속이 울렁거릴 지경입니다. 대부분의 경우는 즉각 답신을 보내지 못하고 미열에 시달리는 사람처럼 하루 정도를 미적거리기 일쑤니까요.

내가 높이 평가하고 또 존경하는 이들의 반응은 굉장히 호의적입니다. 모두들 내 작품을 진지하게 검토하고 최대한 좋은 자리를 확보해 주려고 노력합니다. 말투만 들어도 금방 알 수 있는데, 그렇다고 해서 나의 내적 갈등이 무마되는 것은 아닙니다. 이렇게 생각하지 않는다면 아마도 심각한 착각에 빠지는 결과가 초래될 것입니다. 어쩌면 성공, 혹은 성취라는 개념을 내적인 불안이나 갈등의 완화와 연관 지어서는 안 되는 것일지도 모르겠네요.

이것이 나의 가장 큰 고민이라 할 수 있는데, 일단 이런 생각이 자리 잡기 시작하면 두려움과 걱정이 걷잡을 수 없이 밀려옵니다. 이토록 심각한 두려움과 걱정을 안은 채 내 작품의 예술성을 더욱 발전시킨다는 것은 애초에 말이 되지 않는 노릇이고, 그것이 나에게 관심을 표명하는 이들에 대한 반응을 더욱 늦추는 요인으로 작용합니다.

모든 것이 모래알처럼 손가락 사이로 빠져나가는 것을 아무 대책도 없이 멍하니 지켜보는 느낌입니다. 지나치게 이 문제에 부담을 갖기보다는 최대한 신속하게 늪을 빠져나와 그 에너지를 작품 활동으로 돌리는 것이 나의 숙제입니다. 어쩌면 주변 사람이나 내가 속한 공동체에 더 많은 정성을 들여야 하는 것인지도 모르지만, 그것도 두려움과 내적 갈등 때문에 뜻대로 되지 않습니다. 이 정도면 이제 그만 갈등을 벗어 던지고 두려움을 다스릴 때가 되지 않았나 싶습니다.

: 실천이 가장 중요하겠지요 :

또 하나의 숙제는 (상업 사진을 찍거나 그 밖의 소소한 인생사에 몰두하기보다) 작품 활동에 더 많은 시간과 노력과 정성을 기울여야 한다는 점입니다. 이것 역시 의도와 가치의 문제라고 생각합니다. 나에게는 조직이 필요합니다. 조직, 그리고 확실한 전문성은 내적 갈등과 두려움을 이기는 강력한 무기가 됩니다. 조직에 소속되어 있으면 상황에 맞게 적절한 단계를 밟아 올라갈 수 있습니다. 어쩌면 내가 이루려는 것에 대해 좀 더 자세한 설명이 필요할지도 모르겠네요.

매일같이 작품 활동과 홍보 활동을 실천에 옮길 수 있도록 마음가짐을 바꾸는 것이 아주 중요할 듯합니다. 앞으로 두 달 동안 그런 변화를 적극적으로 시도해볼 생각입니다. 하지만 문제는 그 과정을 어떻게 추적할 것인가 하는 점입니다. 무엇보다 하루도 빠뜨리지 않고 매일 작품 활동을 하는 것이 중요하다고 생각합니다. 그 밖에 예술 작품 구매자나 인테리어 디자이너, 큐레이터 등의 업계 관계자들과 접촉하고 대화를 나누는 것도 중요하겠지요.

나에게 필요한 것은 내 작품이 작업실의 책상 서랍이 아닌 다른 어디엔가 자리를 잡아야 한다는 믿음입니다. 내 작품을 좋아할 만한 사람들을 몇몇 염두에 두고 있기는 한데, 좀 더 구체적으로 명단을 뽑아봐야겠습니다. 또한 작품 활동에 더 많은 시간을 투자하고 싶습니다. 컴퓨터는 되도록 이용하지 않을 생각입니다. 더 적극적으로 봉사 활동을 하고 그 결과를 지켜보는 것도 중요합니다. 결과를 지켜본다고는 하지만, 그것이 나에게 어떤 도움을 주고 어떤 의미를 갖는지는 어떻게 판단해야 할까요? 그 모든 과정과 결과는 나름의 의미를 가져야 합니다. 이것이 크게 잘못된 생각은 아니겠지요?

— **켈리**

- 얼핏 보기에는 당신 스스로 자신의 발목을 잡고 있는 것처럼 보이는군요. :) 정확히는 모르지만 조급증, 지나친 조심성, 수줍음, 뭐 이런 것 때문이 아닐까 싶습니다. 일단 이런 상황에서 벗어나는 일에 초점을 맞추어보는 것이 어떨까요?

  즐거운 마음으로, 열심히, 할 일 목록에 올라 있는 일들을 하나하나 해치우는 것 말고는 당신 자신을 지워버리세요. 그러기 위해서는 일단 목록부터 만들어야겠지요.(목록을 만들 때도 당신 자신이 방해가 되지 않도록 조심하세요.)

작품 활동과 봉사 활동, 인맥 관리까지 모두 포함해, 아주 근사하고 구체적인 향후 2주 동안의 할 일 목록을 만들어봅시다. 일단 그 목록이 어떻게 생겼는지부터 한번 볼까요?

고맙습니다!! 조금 더 확실해 해두고 싶어서 여쭤봅니다. 앞으로 딱 2주 동안만 해당하는 목록을 만들까요? 범위를 넓혀서 앞으로 몇 년, 혹은 몇 달 정도에 해당하는 목록을 만드는 것은 어떨까요? 목록에 적은 일을 당장 실행에 옮길까요, 아니면 선생님의 답장을 기다려야 할까요?

- 이번 목록은 앞으로 2주 동안 해야 할 일만 정리하면 됩니다. 목록이 완성되면 당장 실행에 옮기세요! 최대한 집중력을 발휘해서요.

실행 보고서

절반의 성공

비교적 잘 진행된 것 같습니다. 아주 바쁜 2주였네요. 광고 사진을 많이 찍었습니다. 많이 찍었다기보다는 시간을 많이 잡아먹었다고 하는 게 정확한 표현이겠지만요. 그래도 전체적으로는 예술적인 측면에 초점을 맞출 수 있었던 것 같습니다. 이유는 잘 모르겠지만 평소보다 훨씬 나았어요.

후속 조치가 맞물려 이어지고 작업의 성격이 적절히 반영된 할 일 목록을 만들기란 역시 쉬운 일이 아니었습니다. 어쩌면 그것 자체가 문제인지도 모르겠습니다. 작품 활동이 마치 식탁 앞에 버티고 앉아 배고프다고 아우성치는 손님처럼 내 뇌의 전면, 의식 영역에 버티고 있었습니다. 하지만 초반에는 내 작업의 예술적인 측면을 계량화할 수 없다는 사실을 분명히 인식하고 있었습니다. 솔직히 무척 불안하더군요. 할 일들을 하나하나 거론할 엄두가 나지 않았습니다. 작업의 성격을 나름대로 이해하고 있는데도 목적의식을 상실한 기분이었습니다.

봉사 활동과 인맥 관리, 그 후속 조치 등에 대해서는 아주 마음에 듭니다. 이런 분야에서는 실행 가능한 목록을 만드는 데 별 무리가 없었습니다. 회의를 조직하고, 사람들을 관리하고, 다음 단계를 준비하고, 덩치 큰 프로젝트를 실행 가능한 여러 조각으로 나누는 등의 일을 무난히 처리했습니다. 처음에 미처 예상하지 못했던 질문이 몇 가지 있었는데 신속하게 해결했습니다. 전혀 반응을 보이지 않는 사람들도 있었지만(충분히 예상했던 부분이라 크게 개의치 않습니다) 적극적으로 협조하는 사람들도 있었습니다.

오는 9월 어느 유력 잡지사에 내 사진을 싣게 되었는데, 그 과정이 아주 재미있었습니다. 금요일 오후에 해당 작품을 고르기 위해 한참 실랑이를 한 끝에 잡지사 미술부장의 결재가 떨어졌고, 월요일 오전 8시에 작품과 청구서를 발송했습니다. 내가 뚜렷하게 내세울 수 있는 실적인 셈입니다. 봉사 활동에 대해서는 지속적으로 유지할 수 있는 구조를 만들고 있습니다. 구체적인 결과가 나오고 있고, 그래서 기운을 내 더욱 정성을 기울일 생각입니다.

작품 활동과 관련된 할 일 목록을 계량화하는 게 잘 안 되는 이유가 궁금합니다. 선생님이 보낸 편지를 다시 한 번 읽어보니 방금 말씀드린 대로 봉사 활동 분야에서는 아주 만족할 만한 성과를 거두었습니다. 하지만 작품 활동 측면에서는 그리 성공적이지 못했습니다. 그 이유가 무엇일까요? 굳이 말하자면, 그런 성격의 작업이라면 한밤중에도 벌떡 일어나 제일 먼저 처리해야 할 일이라고 느끼기 때문이 아닐까 싶습니다. 그만큼 특별한 에너지와 뚜렷한 상상력이 필요한 일이니까요. 그런 에너지를 끌어낼 수만 있다면 목록도 만들고 제대로 추진할 수 있겠지만, 실마리가 잡히지 않으면 선뜻 엄두가 나지 않습니다. 토대 혹은 불씨를 잃어버린 느낌이라 아침에 눈을 뜨면 제일 먼저 그 생각이 들곤 합니다.

나 자신을 지워버리고 즐거운 마음으로 목록에 정리한 일들을 실행에 옮기라는 선생님의 말씀이 내 마음속에 짙은 여운을 남깁니다. 지금은 여기까지네요.

- 축하합니다! 많은 일들을 성공적으로 마무리하셨군요. 아주 좋습니다.
  예술 활동에 적합한 상태를 유지하기 위해서는 특단의 조치가 필요합니다. 당신은 일정표 상에 예술 활동이 등장할 때 그런 상태를 유지하고 있지 못할 거라는 본능적인 두려움 때문에 목록을 만들지 못하는 것으로 보입니다. 앞으로 3주 동안은 작품 판매와 인맥 관리 등과 관련해 이미 하고 있는 일들을 유지함과 동시에, 창작 활동에 필요한 상태에 대한 본인의 생각을 바꾸기 위해 노력하는 것이 좋을 듯합니다.

'나는 지금 당장 스위치를 켜서 창작 활동에 돌입할 수 있다'라는 믿음을 가지세요. 실제로 그 스위치만 켜면 물이 흐르듯 자연스럽게 창작 활동을 시작할 수 있도록 연습하는 것도 중요합니다. 그렇게만 되면 정말 놀라운 결과가 나올 겁니다. 지금으로서는 내가 그 구체적인 방법까지 말씀드릴 형편이 아니지만, 머릿속으로 '스위치를 켜는' 그림을 그리며 꾸준히 노력을 기울이면 머지않아 효과를 볼 수 있을 거라고 믿습니다. 의도가 충분히 전달되었기를 바라며, 한 번쯤 과감하게 시도를 해보셨으면 좋겠습니다.

내가 "스위치를 켜세요"라고 말하면 대부분의 사람들은 금방 그 의미를 알아차린다. 조급한 사람이 차분한 사람으로 변하고, 억지로 몸부림치지 않아도 자연스럽게 창작 활동에 매진할 수 있으며, 시장의 현실과 맞서 싸우기보다는 더없이 차분하고 직접적으로 그 현실에 대처하는 사람으로 돌변하게 만드는 스위치 말이다. 물론 이 말을 이해하는 것과 그것을 실행에 옮기는 것은 별개의 문제다. 하지만 그런 스위치가 존재한다는 사실만으로도 큰 힘이 되지 않을까?

20

작품을 계속 쌓아만 갈 뿐, 매듭짓지 못한다

소설가 지망생

당신이 소설을 한 권 쓰고 있다가
그 작품을 옆으로 밀어놓고 다른 소설을 쓴다면,
그러다 그 소설을 밀어놓고 또 다른 소설을 쓴다면,
이렇게 열 권이 넘는 소설을 옆으로 밀어놓은 채
이제 작품을 발표할 때라고 결심한다면, 어떻게 될까?
자신이 만든 덫에 걸려 꼼짝도 못하는 상황이 벌어질 것이 뻔하다.
그림이든, 노래든, 소설이든, 사진이든 간에,
창작 활동을 하는 사람이 이런 상황에 처하는 경우가 의외로 많은데,
그렇게 되면 '재고 정리'라는 막중한 숙제를 피할 수 없다.
이번에 소개할 사례도 그 가운데 하나다.

: 소설 출간을 반대하는 애인 :

학위 논문을 쓰면서 뒤늦게 나에게 글 쓰는 재주가 있다는 것을 알았습니다. 그 뒤로도 꾸준히 책을 읽고 글을 쓴 덕분에 지금은 나름대로 글 쓰는 법을 어느 정도 터득한 느낌입니다.

3년 동안 매일같이 한밤중에 일어나 동거인 몰래 글을 쓰곤 했습니다. 그 기간 동안 소설 열네 권을 완성했고, 다른 두 권도 거의 마무리

했습니다. 하지만 역시 문제는 보안 유지더군요. 소설 쓰는 게 밝혀지자 사태는 그리 좋지 않은 방향으로 흘러갔습니다. 동거인이 내 소설 가운데 하나를 읽어보고 경악했는데 그 이유는 ① 그것이 가벼운 단편이 아니라 장편소설이라는 점(결과적으로 내가 그녀에게 거짓말을 했다는 사실, 그런 글을 쓰느라 꼭 해야 할 일을 태만히 했다는 사실이 드러남), ② 내용이 상당히 야하다는 점, ③ 동시에 상당히 종교적인 내용을 담고 있다는 점 등이었습니다. 그녀도 나도 신앙을 가진 사람들이기는 하지만, 그녀는 내 소설이 종교적이면서도 에로틱하다는 점을 못마땅하게 생각했습니다. 아마 서너 쪽 정도 읽었을 겁니다.

그녀가 이 소설의 출간을 맹렬히 반대한 이유는 내용이 마음에 들지 않고 또 내가 해야 할 일(대학의 온라인 강의로 학생들을 가르치는 일, 다시 말해 돈을 버는 일)에 소홀해질 거라는 점 때문이었습니다. 온라인 강의는 여러 모로 편하게 돈을 벌 수 있는 일이기는 하지만 이제는 정말 더 이상 하고 싶지 않습니다. 돈이 필요해 어쩔 수 없이 하고 있을 뿐이니까요. 내 논리는, 온라인 강의를 하면서 내가 정말로 하고 싶은 일(작품을 쓰고 출판하는 등)을 함께 해야 강의도 좀 덜 지겨워지고 시간도 더 효과적으로 활용할 수 있다는 거였죠.

결국 그녀와 나는 18년에 걸친 관계를 청산하기로 했고, 여기에 대해서는 별다른 미련이 남지 않습니다. 그녀는 설령 필명을 쓴다 해도 내가 이런 소설을 썼다는 사실이 드러날 테고, 그러면 그녀 자신에게도 불똥이 튈 거라는 점을 제일 우려했던 듯합니다. 이렇게 말하면 그녀가 굉장히 이기적인 사람처럼 보일지도 모르겠는데 사실 꼭 그런 건 아니고, 먹고살기 위해 돈을 벌 책임이 나에게 있는 것도 사실입니다.

: 다시 글을 써서, 한 권이라도 출판하고 싶어요 :

나는 3년 반 동안 나를 괴롭혔던 깊은 우울증에서 벗어나는 중입니다. 과로와 과식, 약물 복용, 대마초, 음주 등에 의존해 만성적인 우울증을 달랬습니다. 술과 약물을 끊은 지는 20년이 넘었고, 과로는 이제 하고 싶어도 못합니다. 아직 과식하는 습관을 떨치지는 못했고, 수면도 굉장히 불규칙한 편이며, 의사 처방을 받은 약만 복용하고 있습니다.

지금은 짐을 크게 줄여 임대 창고에 맡겨두고, 새 거처로 옮길 때까지 임시로 친구 집에 얹혀살고 있습니다. 금주 모임에서 만난 친구와 또 다른 모임에서 알게 된 친구 한 명이 사흘씩 번갈아가며 나에게 잠자리를 제공하는 은혜를 베풀고 있지요.

현재 가장 큰 고민은 글을 쓰고 있지 않다는 점입니다. 머릿속에 이미 써둔 시리즈 열네 편과는 배경이 전혀 다른 수많은 이야기들이 떠오르는데, 등장인물들은 살아 움직이지만 아직 본격적인 집필은 시작하지 못했습니다. 내 삶의 일부와도 같은 글쓰기를 정말로 포기하고 싶지 않습니다. 오히려 그 영역을 더욱 확장하고 싶은 마음입니다.

목표가 뭐냐고요? 자비를 들여서라도 최소 한 권의 소설을 출판하고 싶습니다. 내가 운영하는 블로그 두 개에 올리고 싶기도 하고요. 블로그에 올리기에 적당할, 그리 길지 않은 작품을 구상하고 있습니다.

거의 다 써가는 다른 두 권도 마무리하고 싶습니다. 궁극적인 목표는 새로운 시리즈의 집필에 착수하는 것이고(20쪽 분량의 스토리를 이미 써 두었습니다), 가장 중요한 것은 다시 글쓰기의 세계로 돌아가는 것입니다. 한때는 하루도 빠지지 않고 매일 글을 썼는데, 지금은 거의 1년 가까이 손을 놓은 상황입니다. 어쩌면 이것이야말로 나의 유일한 목표인지도 모르겠습니다.

—— **딜런**

○ 조금 더 구체적으로 설명해줄 수 있겠습니까? 이미 열네 권을 써 두었다고 하셨지요? 그 가운데 한 권도 아직 출간되지 않았습니까? 출간 준비는 모두 끝난 상태인가요? 끝난 것도 있고 그렇지 않은 것도 있다면, 완벽하게 끝난 것은 몇 권이고 그렇지 않은 것은 얼마나 더 손을 봐야 하는지요? 소설 열네 권을 자비로 출판하고 적절히 홍보가 되면 돈을 벌 가능성도 있으니, 우선 그 소설들이 어떤 상태인지를 조금 더 구체적으로 알려주세요.

열네 권 가운데 열한 권은 당장이라도 출판할 수 있는 상태고, 나머지 세 권은 편집 작업이 약간 필요할 뿐 그리 많지는 않습니다. 아직 제목을 붙이지는 않았지만 모두 같은 시리즈에 포함되니 스토리 1, 스토리 2 하는 식으로 부르고 있습니다. 이 밖에 스토리 15는 현재 13만 6,000단어를 썼고 5,000단어쯤 더 쓰면 마무리될 듯합니다. 스토리 16은 8만 단어를 썼는데, 4만에서 5만 단어를 더 써야 합니다. 물론 이 두 권 모두 구상은 끝난 상태입니다.

또 1만 6,000단어짜리 스토리 17과 4,300단어짜리 스토리 18도 있습니다. 둘 다 무척 마음에 들기는 하지만, 작년에 처음 쓰기 시작했을 때와는 달리 지금은 앞서 말씀드린 것과 다른 시리즈로 이어가야 할 것 같습니다. 아마 첫 번째 시리즈 가운데 한 권을 자비 출판 하게 될 것 같은데, 아직 홍보 계획은 세우지 못했습니다. 필명을 못 정해서 새 이름으로 SNS를 개설하지 않은 탓입니다.

- 음, 아주 방대한 작업이군요. 일단은 근사한 시리즈 제목부터 생각해보는 게 어떨까 싶습니다. 그 다음에는 각 권에 근사한 제목을 붙이고, 제목과 주제에 맞춰 근사한 표지를 구상한 다음, 실제로 자비 출판을 시작하기 전에 어떻게 하면 사람들의 흥미를 유발할 수 있을지도 충분히 고민해야 할 듯합니다. 간단히 말해서 앞으로 2주 동안 이 시리즈의 제목을 정하고 마케팅과 홍보 계획을 세우는 데 전념하면 좋겠습니다. 동의하실지 모르겠지만.

실행 보고서

쓴 것을 분석하고 새로운 마음으로

지난 2주 동안 많은 일이 있었습니다.

우선, 새 집으로 이사를 갔습니다. 거리는 얼마 되지 않지만 워낙 오래된 관계를 청산하다 보니 이사가 생각보다 복잡하더군요. 그 과정에서 전 동거인과 심한 말다툼이 벌어졌습니다. 둘 다 적지 않은 상처를 입었고, 나는 아직 그 충격에서 완전히 벗어나지 못했습니다. 그 뒤로 이야기를 나눠보지는 않았지만 아마 그녀도 마찬가지가 아닐까 싶습니다.

지난 주말까지 열 개의 강좌에서 300명이 넘는 학생들을 가르쳤습니다. 그나마 지금은 강좌와 학생 수가 절반 수준으로 줄었으니 조금 위안이 됩니다.

출판 준비는 아무것도 하지 못했습니다. 오늘은 그것을 반성하느라 정말 기분이 울적했지만, 이 정도의 감정은 너무 익숙해서 그렇게까지 견디기 힘들지는 않습니다.

다른 한편으로는 이제 늪을 빠져나오기 시작했다는 느낌이 들기도 합니다. 쓰고 싶은 논픽션의 목록을 정리했고, 그 가운데 하나를 쓰기 시작했습니다. 아직 600단어밖에 못 썼고 내용도 썩 마음에 들지는 않지만, 그래도 기분은 좋습니다. 짐도 풀어야 하고, 오늘밤 12시까지 학생들의 최종 성적도 정리해서 제출해야 하지만, 가장 중요한 것은 역시 다시 글을 쓰기 시작해야 한다는 점이겠지요. 이것이 이번 주의 가장 큰 성과가 아닐까 싶습니다.

또한 지금까지 내가 쓴 글을 다시 한 번 돌아보며 언제 쓰기 시작해서 얼마나 걸렸는지, 문제점은 무엇이고 해결책은 무엇인지 등을 고민해보기로 마음먹었습니다. 그래서 일단 각 작품의 분량과 집필 기간을 정리해 이 편지에 첨부합니다. 선생님에게 얼마나 도움이 될지 모르겠지만, 나한테는 많은 도움이 됩니다.

선생님과 만난 일을 계기로 내가 지금 당장 시작해야 할 일은 다시 글을 쓰는 것이 아닐까 싶습니다. 예전에 한창 쓸 때는 정말이지 단 하루도 빼지 않고 열심히 쓰곤 했습니다. 이제 부담은 훨씬 줄었지만 아직도 할 일은 많이 남아 있으니 열심히 하는 수밖에 없겠지요.

이 글이 선생님에게 조금이나마 도움이 되면 좋겠습니다.

o 다시 글을 써야 한다는 생각에 전적으로 동의합니다. 감정적 혼란과 과중한 강의 업무가 맞물린 지금 같은 시기에는 글을 쓰는 것이 마음의 치유와 새로운 도약의 발판이 될 수 있으니까요. 그러니 집필을 최우선순위에 두고 새 작품에 정기적으로 정성을 기울일 수 있도록 계획을 세우는 것이 좋겠습니다.

하지만 그 엄청난 분량의 미출간 원고를 처리하는 문제 역시 제2의 목표로 설정해야 할 듯합니다. 이와 관련한 계획을 세울 수 있을까요? 계획을 세우기 힘들면 계획의 첫 단추를 어떻게 꿰어야 할지부터 고민해보시기 바랍니다. 그렇게 많은 프로젝트를 쌓아두고 있으면 어디서부터 손을 대야 할지 엄두가 나지 않을 것 같은데, 그렇다고 마냥 방치해둘 수는 없지 않겠습니까. 그러니 새 작품을 집필하는 한편으로 이미 써둔 원고와 관련한 계획도 반드시 필요하다고 생각합니다.

당신이 딜런의 입장이라고 가정해보자. 이유가 무엇이건 간에, 그때그때 처리하지 못한 수백만 단어의 원고가 쌓여 있다. 어떻게 해서든 원고가 마무리된 시점에 세상의 빛을 볼 수 있도록 최선의 노력을 기울였어야 했다. 하지만 현실은 그러지 못했고, 이제야 그 원고를 출간하고 싶다. 선뜻 엄두가 나지 않는 것도 무리가 아니다. 그 원고를 세상에 내보내기 위해서는 어떤 노력을 기울여야 할까? 그 프로젝트가 완성될 가능성은 얼마나 될까? 핵심은 이것이다. 집필이 완료되면 다음 작품으로 넘어가기 전에 출간이 될 수 있도록 노력해야 한다는 것!

21

나만의 색깔을 찾고 싶다

보석 디자이너

예술을 통해 최소한의 생활을 유지하는 법을 터득한 사람들은 말한다.
'더 많은 제품'을 생산하자면 너무나 많은 시간과 에너지를
쏟아 부어야 하기 때문에 예전부터 꿈꿔온 예술가의 삶은 살 수가 없다고.
끊임없이 '제품'을 '생산'하지 않으면 안 되는
이런 다람쥐 쳇바퀴를 벗어날 방법은 없을까?
만약 벗어난다면, 그래서 어느 날 갑자기
또 다른 어려움이 도사리고 있는 새로운 모험을 시작한다면,
그때는 어떤 일이 벌어질까?

: 돈에 대한 두려움 :

나는 지금 인생에서 가장 고통스러웠던 3년 반의 시기를 빠져나오는 중입니다. 15년 동안 함께 살았던 동거인이 어느 날 밤 갑자기 사라지더니, 내 이름 앞으로 빚과 세금고지서만 잔뜩 남기고 영영 돌아오지 않았지요. 자포자기라는 단어가 떠오를 수밖에 없는 상황이 닥친 것입니다. 그것만도 감당하기 벅찬 마당에 재앙은 꼬리를 물고 이어졌고, 그래서 지금 당장은 어떻게든 살아남는 것이 최상의 목표가 되어버렸습니다.

지난 15년 동안 내가 작품을 팔아서 번 돈이 우리의 유일한 수입이었습니다. 그동안 아름답고 가격 부담 없는 보석류를 만들어 파는 일을 워낙 많이 해서, 이제는 내 작품을 예술 수준으로까지 승화시키는 일에 더 많은 시간과 에너지를 투자하고 싶다는 욕심을 품게 되었습니다. 하지만 어느 정도 정상 궤도를 찾고 보니, 고스란히 출발점으로 되돌아온 느낌이더군요. 나이도 많고, 몸과 마음은 물론 영혼까지 상처를 입은 마당에, 아직도 무언가 만들어 팔 수 있다는 사실은 고마운 일이 아닐 수 없지만, 이 역시 예술과는 거리가 멀고 그저 먹고살기 위한 몸부림일 뿐이었습니다.

이 경험을 통해, 아무리 정성껏 계획을 세운다 한들 어느 한순간 와르르 무너질 수 있는 것이 인생이라는 교훈을 얻었습니다. 말 그대로 순간의 선택이 평생을 좌우한다고나 할까요. 지금까지 살아오면서 내가 내린 선택은 대부분 두려움에 토대를 둔 것이었고, 예술은 물론 삶의 영역에서조차 아무리 최선을 다해 노력해도 예술적 진화보다는 생존 문제에 초점을 맞출 수밖에 없는 상황이 이어진 느낌입니다.

지금은 그 사람과 함께 살아온 시간이 나에게 가장 소중한 삶의 교훈을 주었다고 믿습니다. 자포자기, 가난, 견디기 힘든 두려움, 기댈 곳 하나 없이 혼자 버려진 외로움, 절망, 슬픔, 그 밖에 내가 무엇보다 두려워하던 온갖 삶의 고난에서 더 이상 도망만 칠 수는 없다는 사실을 깨달았으니까요. 나 자신을 어떻게 보살펴야 할지, 시간이 갈수록 조금씩 배워가는 중입니다.

돌아보면, 어려서부터 돈에 대한 잘못된 믿음을 키워왔던 것 같습니다. 지금까지 단 한 번도 돈을 낭비한 적이 없고, 빚을 지지도 않았으며, 신용도 완벽하게 유지해왔습니다. 하지만 오히려 그건 돈을 두려움의 대상으로 생각했기 때문이고, 그 두려움이 예술뿐 아니라 내 삶의 모든 영역을 지배하게 되었던 듯합니다. 그럼에도 나는 여전히 작품을 만들고 박람회에도 참여하는 등, 활동을 계속하고 있습니다. 애써 한 발을 앞으로 떼어놓을 때마다 돈 문제가 발목을 잡고 더 큰 재앙이 앞길을 가로막는 느낌입니다. 그동안 익힌 생존 본능 덕분에 아직 버티고 있기는 하지만, 내가 딛고 서 있는 땅이 계속 흔들리는 것은 어쩔 수가 없네요.

: 내 자산을 이제는 다르게 쓰겠어요 :

최근 들어 나에게는 어떤 인식의 변화가 일어났는데, 이유는 잘 모르지만 그런 변화에 순응해가는 중입니다. 이제 두려움에 빠지는 것도 지겹습니다. 강력한 태풍이 한바탕 휩쓸고 지나가면 엄청난 피해가 발생함과 동시에 새로운 기회의 장이 열리는 것도 사실입니다.

간단히 얘기하자면 이렇습니다. 박람회 때문에 어느 대도시에 갈 일이 생겼는데, 그 도시에서 호텔 방을 같이 쓰기로 한 사람이 갑자기 마음이 변했습니다. 누구는 구세군을 찾아가보라고 권했지만 왠지 너무 궁색한 것 같았습니다. 그래서 구글에다 '비싼 방값을 감당할 형편이 못 되는 사람이 묵을 만한 멋진 곳'을 검색했더니, 도시 전체가 한눈에 내려다보이는 공원 한복판에 자리한 호화 주택이 나오더군요. 집

주인은 환하게 웃는 얼굴로 나를 맞아주었고, 주차비를 받지 않음은 물론 굉장히 싼 값으로 방을 빌려주었습니다. 그때 나는 더 이상 가난을 숙명으로 받아들일 필요가 없다는 생각을 하게 되었습니다. 이런 집은, 물론 말 그대로 '집'에만 해당하는 것은 아니지만, 어디에나 있습니다. 잘 찾아보기만 하면 얼마든지 발견할 수 있지요. 덕분에 나는 비로소 진정한 예술가가 되어 새로운 눈으로 주위를 둘러볼 수 있게 되었습니다.

지난 몇 년 동안의 이 같은 내적 성찰을 통해 지금의 나는 예전과 전혀 다른 곳에 와 있습니다. 생각은 물론 말투까지 바꾸려고 노력하고 있습니다. 요즘 들어 "내가 원하는 건"이라는 말로 문장을 시작하는 경우가 많아졌는데, 이는 내가 자신을 굉장히 강하고 똑똑한 사람이라고 생각함에도 불구하고 실제로는 지금까지 살아오면서 단 한 번도 '내가 원하는 것이 뭐지?'라는 질문을 던져보지 않았기 때문입니다. 50년이 넘는 세월을 그렇게 살아왔으니 확실히 쉬운 일은 아니었습니다. 이제는 내가 원하는 것이 무엇인지를 분명히 깨닫고, 최선을 다해 그 바람을 이루어보기로 마음먹었습니다.

지금까지 나는 나의 재능에 의지해 살아왔고, 그렇게 큰 문제는 없었습니다. 하지만 이제부터는 내가 가진 자산을 과거와는 다르게 사용할 생각입니다. 내가 지금 와 있는 곳이 바로 여기입니다. 나에게는 감사의 마음이 있습니다. 나름의 구상도 있습니다. 내 여정의 새로운 단계에 활용할 새로운 도구도 있습니다. 나의 권리를 다양한 창작 활동에 활용할 생각입니다.

: 나만의 색깔, 강력한 영감을 찾는 게 목표 :

창작 활동에 관한 큰 고민 하나는 지금까지 평생을 이어온 것이라 해도 과언이 아닙니다. 바로, 예술가로서 뚜렷한 정체성을 가지고 있지 못하다는 점입니다. 평생에 걸쳐 공예품과 장신구를 만들어왔지만, 나름대로 체계를 갖춘 일련의 작품들을 만든 것은 단 한 번밖에 없습니다. 당시에 상당히 좋은 평가를 받았는데, 정작 나 자신은 실제로 작품을 만들어낸 사실보다는 디자인 과정에서 더 많은 영감을 얻었습니다. 지금도 무한한 창의성과 영감을 체험한 그때의 기쁨을 생생히 기억합니다. 다시 한 번 그런 기쁨을 맛보고 싶습니다.

나는 한 번도 창작 능력을 잃은 적이 없습니다. 그런 점에서는 축복을 받은 셈이지만, 문제는 그 축복이 언제나 온전한 축복만은 아니라는 점입니다. 나는 돈을 벌기 위해, 살아남기 위해 작품을 만듭니다. 누구나 한눈에 작가를 알아볼 수 있는 작품들이 내 마음을 끕니다. 나는 아직 그런 경지에까지 이르지 못한 탓입니다. 아름다운 작품을 만들어내는 것만으로는 더 이상 충분하지 않습니다. 벌써 몇 년째 그것조차 해내지 못하고 있지만, 이제는 다시 앞으로 나아갈 준비가 되었습니다. 다음 단계의 실마리도 보이는 느낌입니다.

이런 진화 과정을 꾸준히 밟아가다 보면 언젠가 자연스럽게 나만의 작품 세계가 나타나기 시작할 것이라 믿습니다. 당장 시급한 최소한의 목표는 이렇습니다.

1 불안에 사로잡히지 않고 생활비와 융자금을 감당할 수 있을 정도의 돈을 번다.
2 나 자신을 보살핀다.
3 순전히 즐거움을 추구하기 위해 수채화와 혼합 매체 같은 다른 영역의 작품들을 시도한다.
4 구름을 색칠하고 싶다. 아주 간단한 이야기처럼 들리지만 아직 한 번도 해보지 못했다.
5 창작 활동이라는 여정을 보다 깊이 있게 이해하고 새롭게 출발한다. 이것은 수입과는 전혀 별개의 이야기다.
6 나 스스로 시간을 통제하고 활용할 수 있는 방법을 찾아낸다. 뚜렷한 목적과 집중력으로 하루를 시작하고 싶다. 나의 창의성과 현실적인 목표를 모두 극대화할 수 있는 작업 일정을 세워보고 싶다. 오늘 하루도 궤도를 벗어나지 않고 하고자 했던 일을 충분히 해냈다는 만족감으로 하루를 마무리하고 싶다.

궁극적인 목표는 욕구와 욕망이라는 한계를 뛰어넘어 나만의 창의적인 목소리와 표현 방법을 찾아내는 것입니다. 누가 봐도 내가 만들었다는 사실을 한눈에 알아볼 수 있는 작품에 모든 것을 쏟아 부을 수 있으면 더 이상 바랄 나위가 없겠습니다. 나 자신의 생각에 생명을 불어넣을 수 있을 만큼 강력한 영감을 찾고 싶습니다. 사소한 영감은 늘 떠오르지만, 이제는 좀 더 큰 무엇이 필요합니다. 지금까지 쓴 글을 다시 한 번 읽어보니, 어쩌면 내가 평생 꿈꿔온 예술가로서의 삶이 현실로 다가올지도 모른다는 생각이 듭니다.

—— **메러디스**

o 누가 봐도 당신의 작품임을 알아볼 수 있을 정도의 정체성을 찾고 있다고 하셨는데, 당신이 갖게 된 새로운 인생관과 풍부한 경험에 비춰볼 때 어떻게 하면 그런 정체성을 찾을 수 있을 거라고 생각하십니까? 지나치게 많은 시간과 고민을 투자하지 않고도 그런 정체성을 찾을 수 있는 계획을 세우려면 어떻게 해야 할까요? 다시 말해서 지금 당장 그런 정체성을 찾는 것이 가능한가, 또한 가능하다면 어떻게 찾을 것인가 하는 문제입니다.

내가 추구하는 것이 정체성 그 자체는 아니라고 생각합니다. 어제 어린 여우 두 마리가 서로 뒤엉켜 노는 모습을 보았습니다. 초롱초롱한 눈망울로 함께 뛰고 뒹구는 그 여우들이 그렇게 즐거워 보일 수가 없었습니다. 어디선가 들려오는 음악 소리가 너무도 강력하게 나를 사로잡아 꼼짝도 할 수 없었지만, 말 그대로 내 영혼의 심장이 되살아나는 느낌이었습니다. 황홀경에 빠졌다고나 할까요. 새롭게 눈을 뜬 기분, 세상 만물을 난생처음 보는 기분이 이렇지 않을까 싶습니다. 그 새로운 세상을 마음껏 탐험하고 싶습니다…….

o 그럼 좀 더 간단하게 생각해봅시다. 앞으로 2주 동안, 당신이 탐험하고 싶다고 한 바로 그 세상을 탐험해보면 어떨까요? 매일 일정

한 시간을 그 탐험에 투자하는 겁니다. 몇 시간이나 투자할지는 당신이 결정할 문제이지만, 하루도 빼지 않고 최선을 다하는 것이 중요합니다. :)

실행 보고서

차분하게 준비하는 새 출발

요즘 들어 부쩍 생각이 많아진 느낌입니다. 반응하기보다는 주로 순응하는 쪽의 생각이기는 하지만 말입니다. 올해 95세인 어머니가 건강이 부쩍 안 좋아졌는데, 내가 보기에 약을 너무 많이 드셔서 환각 상태에 빠질 때가 있는 것 같습니다. 병원에 입원하신 뒤로 의학적으로는 많이 좋아졌지만 정서적으로는 그렇지 못한 느낌입니다. 불안 증세 때문에 균형이 무너져서 거동을 잘 못하는 상태이기도 하고요.

이런 말씀을 드리는 이유는 어머니가 그동안 건강 관리를 제대로 못했다는 느낌, 또한 이제 시간이 너무 많아져 머릿속 생각들을 어떻게 정리해야 될지 모른다는 느낌을 받기 때문입니다. 그래서 나는 어머니에게 명상과 함께 '수다 요법'을 강력하게 권하고 있습니다. 덕분에 어머니와 나는 평생 처음으로 서로의 생각에 귀를 기울일 수 있게 되었습니다. 어머니가 나를 인정해주고 나에게 고마운 마음을 갖는다는 점이 나의 여정에 굉장히 긍정적인 요소로 작용할 듯합니다.

얼마 전에는 기르던 고양이 한 마리가 악성 종양에 걸려 안락사를 시켜야 했습니다. 그 전날 하루 종일 집에 틀어박혀 마음을 느긋하게 가지려고 노력했더니, 어머니 문제도 그렇고 앨리스(고양이) 문제도 그렇고 한결 받아들이기가 수월해지는 느낌이었습니다. 지금은 자기 관리가 얼마나 중요한지를 어느 정도 이해하게 되었고, 그것을 내 삶의 한 영역으로 끌어들이기 위해 노력을 기울여야 할 듯합니다.

이번에는 아무 스트레스 없이 차분한 마음으로 멋진 작품을 만들 수 있었습니다. 주말에는 전시회가 예정되어 있어 더욱 창의력을 발휘해야 합니다. 탐험에 나선 것은 사실이지만, 그래도 '팔릴 만한' 작품을 만들 수 있다는 자신감 때문인지 탐험이라기보다는 낯익은 풍경 속을 편안하게 산책하는 기분입니다. 엄청난 압박감 속에서도 한계를 뛰어넘은 내 작품에 무한한 자부심을 느낍니다. 예전에 처박아두었던 미완성 작품들을 다시 꺼내 부담감 없이 완성하기도 했습니다.

내가 창의성은 물론 생산성 영역에서도 나름의 실력을 갖추고 있다는 사실을 새삼 확인했고, 그래서 감사한 마음이 앞섭니다. 내년으로 예정된 권위 있는 전시회에 작품을 내기에는 시간이 부족하다는 사실이 조금 안타깝기는 하지만, 그래도 나의 여정에 비춰보면 적당한 작업 속도를 유지하고 있는 것 같습니다. 한편으로는 치열한 경쟁이 예상되는 전시회에 출품할 작품을 만들지 않은 것이 오히려 다행스럽게 느껴지기도 합니다. 내 작품들을 돌아보고 사진을 찍어야겠습니다. 좀 더 객관적인 시선을 유지할 필요가 있으니까요.

최근에는 학교로 돌아가는 문제를 진지하게 고민하고 있습니다. 지금까지 제대로 공부를 해본 적이 없다는 사실을 무척 후회했습니다.

유명 대학을 두 군데나 다녔지만 결과적으로는 한 군데도 졸업을 하지 못했습니다. 그래서 예순의 나이에 학교로 돌아갈 준비를 하고 있습니다. 집 근처의 단과대학에 무료로 다닐 수 있고, 완벽한 장비를 갖춘 스튜디오가 있는 다른 대학에서 청강생 자격으로 공부할 수도 있습니다.

인생은 직선이 아닙니다. 이제 나도 드디어 내가 꿈꿔온 삶을 만들어갈 수 있을 듯합니다. 내 계획이 제대로 맞아떨어지려면 일정한 수입이 보장되어야 합니다. 이번 주에는 무료 컴퓨터 강좌를 수강하고 있고, 여기서 만난 사람과 온라인 상점을 열기 위해 상의하고 있습니다. 전체적으로 상당히 긍정적인 기운이 느껴집니다. 앞으로도 관성이 쭉 이어질 수 있도록 생각을 정리해보아야겠습니다.

- 좋은 일들이 많이 일어나고 있군요. 축하합니다! 이제 내가 제안할 수 있는 것은 앞으로 3주 동안 잘 정돈된 삶을 유지하라는 것밖에 없습니다. 지금처럼 자신을 돌아보면서 정돈된 삶을 이어가기란 쉬운 일이 아닐 수도 있습니다. 당신이 하고 싶은 여러 구체적인 일들을 해내기 위해서는 상당한 인내심이 필요할 겁니다. 따라서 효과적인 계획을 세울 수 있고 동시에 지금 같은 상태를 이어갈 수만 있다면 더 이상 바랄 게 없겠지요. 반성과 실행 사이에는 철저한 전략적 균형이 필요한데, 앞으로 3주 동안 이 균형을 잘 이어갈 방법을 터득하시기를 희망합니다.

이런 상황에서 학교로 돌아가는 것이 정답일까? 진짜 정답을 알고 있는 사람은 누구일까? 학교로 돌아가려는 열망을 보면, 수십 년 동안 '시장을 위한' 작품을 만들어왔지만 이제는 오래전부터 꿈꿔온 예술가로서의 삶을 원하는 예술가가 직면한 심각한 문제점을 알 수 있다. 그녀가 맞닥뜨린 새로운 난관들, 새로운 의구심들, 새로운 수수께끼들을 생각하면 교육에서 돌파구를 마련하고자 하는 것도 납득이 간다. 과연 그것이 그녀에게 도움이 될까? 답은 시간만이 알고 있다.

22

내가 진짜 그리고 싶은 게 뭔지 모르겠다

화가

보통 사람들은 아마 이렇게 생각하기 쉬울 것이다.
모든 예술가들이 자기가 창작하려는 것이 무엇인지는 잘 알고 있지만
그것을 표현하는 데 어려움을 겪을 뿐이라고.
하지만 실제로 작가들 중에는 자신이 무엇을 쓰고 싶은지
알지 못하는 이들이 많고, 작곡가들이나 화가들 중에도
자신이 무엇을 만들거나 그리고 싶은지 모르는 경우가 많다.
이런 현상은 자기 재능에 대한 회의, 지나치게 비판적인 본성,
혹은 아이디어의 분출을 가로막는 잡념 등이
복합적으로 얽혀서 나타나는 경우가 많다.
그건 결국 본인이 진정으로 추구하는 예술이 어떤 것인지를
가려내는 데 심각한 장애물로 작용한다.

: 생계에 큰 도움 안 되는 그림 :

나는 초상화와 누드화를 주로 그리는 화가입니다. 7년 전부터 그림으로 생계를 해결하고 있지만 그리 많은 돈을 벌지는 못하는데, 내가 보기에는 자신감 결여와 비즈니스 마인드 결여가 가장 큰 문제인 듯합니다.

올해 50세이고, 혼자서 딸 셋을 키웠습니다. 딸들은 다 장성해서

지금은 혼자 살고 있습니다. 계획성이 있거나 자신감에 충만한 성격이 아니어서 즉석 스케치도 하고 커피숍이나 화랑에서 판매 목적의 전시회도 열면서 그럭저럭 먹고살고, 1년 동안 런던의 미술품 암시장에서 활동한 적도 있습니다. 학생들을 가르치거나 미술 모임을 이끌기도 하는데, 이런 일은 재미있기는 하지만 시간을 너무 많이 잡아먹어서 썩 내키지는 않습니다.

의뢰를 받아 초상화를 그리는 일은 스트레스가 무척 심하지만 의뢰인들은 굉장히 만족하는 편입니다. 공예전 같은 행사장에서 30분 정도 인물 스케치를 하는 경우도 많은데, 그럴 때면 늘 많은 인파가 몰리곤 합니다.

초상화를 그릴 때는 늘 파스텔을 이용하는데, 이제는 그런 내 그림이 썩 마음에 들지 않습니다. 1년 반 전에 집을 판 덕분에 한동안 돈 걱정 없이 지냈습니다. 그때 별 생각 없이 펜과 잉크로 누드 스케치를 시작했더니 의외로 반응이 좋더군요. 덕분에 누드화가협회에 가입해 이따금 런던에서 열리는 전시에 참여하기도 하니까 앞으로는 그런 그림도 의뢰를 받아 그려보고 싶은데, 물론 그것도 쉬운 일은 아닙니다. 그렇다 보니 경제적인 문제에 대해서는 점점 자신감이 떨어지고, 요즘은 즉석 스케치에 나설 엄두조차 잘 나지 않는 형편입니다.

경제적으로 쪼들린 끝에 두어 달 전부터 이베이eBay에서 그림을 팔기 시작했는데, 심심찮게 거래가 성사되기는 하지만 썩 만족할 정도는 아닙니다. 그나마 내 그림을 알아보고 진품을 사고 싶어 하는 사람들이 점점 늘어나는 것은 반가운 일이지만, 역시 그것만으로 생계가 해결되지는 않습니다. 그럴 바에야 차라리 야한 그림을 그리는 대가로 고정 수입이 생겼으면 좋겠다는 생각도 듭니다.

: 결정을 내리기가 힘들어요 :

따라서 현재 내가 마주한 가장 큰 숙제는 수입과 조직이라는 두 가지 측면에 기인합니다. 어떤 그림을 그릴 것인지 결정해서 그 결정대로 밀고 나가는 것이 너무 힘듭니다. 모처럼 그림을 좀 그릴 수 있겠다는 생각이 들 때도 무엇을 그려야 할지 결정할 수가 없고, 갈등이 너무 심하다 보니 머리가 터져버릴 것만 같습니다. 선생님의 책에도 이런 문제가 나오지만 결정을 내리기가 너무 어렵고, 그래서 늘 누가 나에게 어떻게 하라고 말해주기를 기다리고 있는 느낌입니다.(우리 어머니와 전남편이 남긴 유산이라는 것은 알지만, 이 문제가 번번이 내 발목을 잡고 있습니다.)

휴대전화를 끄고 사람들과의 접촉을 피한 채 나의 하루를 온전히 그림으로 채우고 싶지만, 누가 연락을 해 오면 자동적으로 반응을 보입니다. 누구든 나를 찾는 사람이 있으면 반드시 상대를 해주어야 한다고 생각하는 모양입니다. 물론 제대로 된 기법을 구사하기 위해서는 오랜 시간 동안 인내심을 발휘하며 꼼꼼하게 작업해야 하는 경우도 있지만, 다른 한편으로는 내가 진정으로 원하는 그림을 마음껏 그릴 수 있도록 좀 더 용감해지고 싶은 마음도 간절합니다.

나 자신이 너무 정리가 되지 않고 산만하기 때문에 좀 더 조직적으로 그림을 그릴 수 있으면 좋겠습니다. 그래야 이제부터 무엇을 할지 계획을 세울 때도 머리가 터져버리지 않을 테니까요. 이왕이면 충분한 수입이 보장되는 그림을 그려서 지금 내가 시도하고 있는 새로운 작품을 전시하고 홍보할 비용을 마련할 수 있으면 좋겠습니다. 충분한 수입만 보장되면 얼마든지 그렇게 할 수 있을 것 같은데, 지금은 자신감을 잃고 시간만 끌면서 아무것도 하지 못하는 나날이 이어지고 있습니다.

아르바이트 같은 것은 하고 싶지 않습니다. 그런 일에 매달리다가는 내 그림을 그리고 가족을 돌볼 에너지가 남아나지 않는 것을 이미 경험했으니까요. 그저 하루 종일 그림을 그리고 싶을 뿐입니다. 최소 목표는 좀 더 생산성을 높이고, 충분히 실행에 옮길 수 있는 과제들을 선택하며, 단지 돈을 벌기 위해서만이 아니라 나 자신의 즐거움을 느낄 수 있는 그림을 그리는 것입니다. 어쩌면 일하는 날과 일하는 시간을 정해놓고 무슨 일이 있어도 지키려는 노력이 필요할지도 모르겠습니다.

장기적인 목표는 즉석 스케치 실력을 더욱 가다듬어서 좋은 돈벌이를 눈앞에 두고도 두려움 때문에 몸이 굳는 일이 없도록 하는 것입니다. 그러기 위해서는 더 많은 경험을 쌓아야 합니다. 또한 새롭게 시도하고 있는 에로틱한 그림들과 유명인사들의 목탄 초상화, 나아가 영감을 얻어 그린 모든 작품들을 이베이나 내 웹사이트를 통해 판매할 수 있으면 좋겠습니다.

무엇보다도, 자신감을 되찾고 싶습니다.

—— **브렌다**

- 조금 더 조직적으로 그림을 그리면 생산성과 자신감, 그 두 가지를 모두 향상시킬 수 있을 거라는 당신의 생각에 동의합니다. 문제는 당신이 말하는 '조직적'이라는 것이 정확히 무슨 뜻인지를 짚고 넘어가는 일이겠지요. 하루를 어떻게 쓰고 싶은지 최대한 신중하고 구체적으로 설명해줄 수 있겠습니까? 이를테면 어떤 그림에 몇 시간, 또 어떤 그림에 몇 시간, 작품 홍보에 몇 시간 하는 식으로 말입니다. 자세한 주간 계획표를 만들어서 함께 살펴봅시다.
  둘째, '더 쉬운 선택'이 가능해지려면 어떻게 하는 것이 좋을지 설명해줄 수 있겠습니까? '쉬운 선택'이건 '강력한 선택'이건, 당신의 계획을 어떤 말로 표현할 수 있을지 생각해보세요. 일단 새로운 주간 계획표를 보고 다시 이야기하지요.

이상적인 주간 계획표는 대략 이렇습니다.

주중에는 아침 6시에 일어나 커피를 한 잔 마시고 30분에서 한 시간가량 책을 읽은 다음 잠깐 명상을 합니다. 7시에는 휴대전화를 끄고 컴퓨터를 켜서 페이스북과 블로그를 업데이트하되, 채팅에 엮이지 않도록 조심합니다. 7시 30분에 그림을 그리기 시작해 최소 한두 시간 동안 작업에 몰두하는데, 특별히 다른 계획이나 할 일이 없는 날은 이 시간이 더 길어질 수도 있습니다.

주중에 매일 조금씩 시간을 내어 집안 청소를 해두면 나중에 몰아서 대청소를 하느라 진을 빼지 않아도 될 것 같습니다. 피곤하거나 오후에도 집에 있을 때는 잠깐씩 낮잠을 자는 것도 괜찮겠지요. 가끔 저녁에도 그림을 그리고 싶을 때가 있으니 에너지를 비축해두어야 하니까요. 대체로 저녁 시간은 이베이에 작품을 올리거나 펜과 잉크를 이용한 스케치 작업, 창의성 관련 자료 조사 등으로 보낼 것 같습니다.

가족을 만나러 가는 날은 약속을 몰아서 하루에 다 만나고 오면 좋겠는데, 그게 뜻대로 잘 되지 않습니다. 주말에는 특별히 영감이 샘솟아서 계속 그림을 그리고 싶지 않은 이상 느긋하게 휴식을 취하려 합니다. 장도 정기적으로 보고, 밥도 시간을 정해놓고 규칙적으로 먹었으면 좋겠습니다.

이렇게 써놓고 보니 모든 게 너무 쉬워 보이네요.

선택의 문제에 대해서는 나 자신이 무엇을 그리고 싶고 무엇을 그려야 하는지가 너무 혼란스러워서 우울증에 걸릴 지경입니다. 예를 들어 목탄 초상화를 그리기로 마음먹으면 다음 순간 누드화를 그려볼까, 유화를 그려볼까, 유화와 수채화를 섞은 실험적인 그림을 그려볼까, 하는 식으로 온갖 대안들이 밀물처럼 밀려듭니다. 그러다 보면 결국 아무것도 그리지 못하고 나 자신에 대한 증오만 커지지요.

그러니 내가 하고 싶은 일의 목록을 미리 결정해서 달력에 적어두면 아침에 눈을 뜨자마자 그날 해야 할 일을 할 수 있을 것 같습니다. 이런 목록을 만들고 싶지만 아직도 두려운 마음 때문에 선뜻 엄두가 나지 않네요.

나에게는 이베이에 뭔가 팔릴 만한 그림을 올리는 것이 '강력한 선택'으로 작용할 수 있을 것 같은데, 그것도 쉬운 일은 아닙니다. '쉬운 선택' 역시 이베이와 관련된 문제, 혹은 실험적으로 그리고 있는 수채화 정도인데, 그리 완벽한 작품이 나올 것 같지는 않습니다. 으, 맙소사, 생각만 해도 골치가 아프네요.

죄송합니다, 에릭. 돈을 벌어야 한다는 점이 강력한 선택인 것처럼 느껴지지만 창의성 측면에서는 꼭 그렇지도 않습니다. 도와주세요!!!

- 그래요, 골치가 아프겠네요. 일단 앞으로 2주 동안 할 일을 생각해 봅시다. 우선 새로 만든 계획표를 따르고, 그리고 싶은 그림을 선택하고, 나아가 당신의 창의력을 최대한 발휘할 수 있는 분야가 어디인지도 생각해봐야 합니다. 누가 뭐라 해도 예술을 포기할 수는 없으니까요. 자, 이제 세 가지 숙제가 정해진 셈입니다. 계획표를 따르고, 그림을 그리고, 예술성 측면에서 장기적인 계획을 세우는 일이 그것입니다.

실행 보고서

악순환의 고리

나 자신에게 지나치게 화내지 않으려고 노력하고 있지만, 지난 2주는 모든 면에서 너무 기대에 못 미칩니다. 해야 할 일이 있는데도 다른 사람들의 장단에 맞춰 춤을 추고, 친구들에게서 전화가 걸려오면 몇 시간이고 통화를 하는가 하면, 내 자식들과 다른 가족들을 자주 만나러 가지 못해 죄책감에 시달리고, 남자 친구가 찾아와도 나는 지금 일을 해야 한다고 딱 부러지게 말하지 못했습니다. 나도 모르게 무의식중에 자꾸 그렇게 됩니다. 어려서부터 누가 나보다 강하게 자기주장을 내세우면 그냥 따르는 게 좋다는 가르침을 받고 자라서 그런 모양입니다.

누가 뭐라고 할 때마다 자동적으로 반응을 보이다 보면 정작 내 영혼을 위해, 혹은 수입을 위해 해야 할 일들은 뒷전으로 밀리고 맙니다. 하루 종일 열심히 그려서 팔지 않으면 경제적으로 조만간 심각한 어려움에 처할 텐데, 지금은 내 일을 앞세우기보다는 다른 사람들과 어울리는 일에 더 치중하는 모습입니다. 사람들에게 경제적으로 어렵다는 이야기를 하고 싶지도 않고, 설령 한다 해도 취직을 하라는 반응이 대부분일 겁니다.

단호한 태도를 취하는 것이 가장 중요하다는 것은 나도 압니다. 이 글을 쓰는 동안 방금 전화가 한 통 오는 것을 받지 않았는데, 너무 무례한 짓을 했다는 자책이 드는 한편 다른 사람의 요구에 무조건 수동적으로 응하지 않았다는 안도감이 느껴집니다. 두 번째로 중요한 것은 계획표를 만들고 그 계획표에 정해진 시간만큼 그림을 그릴 수 있는 자제력입니다. 하지만 어쩌면 무엇을 그릴 것인지를 결정하는 일이 가장 시급한지도 모르겠네요. 아직은 오리무중이지만 조금씩 범위를 좁혀가려고 노력하는 중입니다.

나는 모든 면에서 극단적인 구석이 있는 것 같습니다. 사람들과의 접촉을 끊고 일에만 매달리려고 하면 금방 속세를 떠난 은둔자가 되어 아무도 만나고 싶지 않은 상태가 됩니다. 어떻게 균형을 맞추어야 할지 잘 모르겠습니다.

오늘은 하루 종일 혼자 지냈습니다. 사람들을 만나느라 너무 피곤해서 늦게 일어났고, 집 안을 정리해서 작업 공간을 따로 마련하는 게 좋을지 아니면 그냥 무질서한 상태 속에서 그림을 그리는 게 좋을지 잘 모르겠습니다. 무엇을 그리고 싶은지에 대해서도 아직 확신이 서지 않습니다.

그렇다 보니 점점 불안해지고 급기야 우울증이 찾아옵니다. 나 자신에게 화가 나고, 아무도 만나고 싶지 않습니다. 아마도 마침내 혼자만의 시간이 찾아왔는데도 아무것도 하지 못한 내가 창피해서 그런 모양입니다.

자꾸 부정적인 이야기만 늘어놓아 죄송합니다. 이 악순환의 고리를 끊고 싶습니다.

- 오랜 습관에서 벗어나기 위해서는 정말 열심히 노력하는 것 말고 다른 방법이 없습니다. 내가 보기에 당신은 다음과 같은 세 가지 습관을 새롭게 만들어야 할 것 같습니다. 첫째, 창의적인 작품 활동으로 하루를 시작한다. 설령 무엇을 그려야 할지 모른다 해도 일단 이렇게 하루를 시작하세요. 둘째, 신경을 다른 곳으로 유도하는 잡념들을 떨쳐버린다. 셋째, 창의적인 노력에 필요한 시간과 공간을 확보하기 위해 최대한 단호한 태도를 취한다.

  당신 스스로 이런 습관을 길들이지 않으면 절대 다른 누가 대신해주지 않습니다. 예술성을 추구하는 문제도 중요하겠지만, 지금 당장(적어도 앞으로 3주 동안)은 이 세 가지 습관을 매일, 의도적으로 연마하는 것이 가장 좋습니다.

고맙습니다. 벗어나야 할 세 가지 습관에 대해 말씀드렸는데, 이제부터는 매일 선생님에게 일종의 보고서를 보내려고 합니다. 내가 하루하루를 어떻게 지내는지 점검하기 위한 차원인 만큼, 굳이 답장을 보내지 않으셔도 됩니다. 나 자신에게 보내는 보고서라고 생각하면 굳이 읽지 않으셔도 괜찮고요. 일기를 쓰려고 여러 번 시도했는데 번번이 포기했습니다. 이번에는 선생님께 보고서 형식으로 보내려고 하니 조금 더 강제성을 띠지 않을까 싶네요.

나도 언제까지 이러고 있지는 않을 겁니다. 일단 시작하기가 힘들 뿐일 테니까요. 한 주 정도 시도해보고, 그 다음부터는 다시 일기를 써 볼까 합니다.

•

어제, 그리고 오늘 아침에도 나 자신을 유심히 관찰했습니다. 누가 연락을 해 오면 나 자신도 모르는 사이에 할 일 따위는 까맣게 잊고 어느 새 한눈을 팔고 있더군요. 오늘 일을 하려면 잠을 자두어야 했기 때문에 어젯밤에 외출을 하지 않았는데, 아침에 일어나니 전화가 걸려와 또 집중력을 잃고 말았습니다. 그래도 지금 오전 11시인데 조금씩 정신을 차리기 시작했습니다. 전화기를 아예 꺼버리려니 너무 심한 것 같아서 지금은 무음 상태로 놔두었는데, 다음에는 마음을 모질게 먹고 꺼버릴 생각입니다.

매일 선생님께 이렇게 보고하는 것이 아주 중요하게 느껴집니다.

•

자꾸만 마음이 가라앉고, 한눈을 팔지 않으면 안 되는 상황을 나 스스로 만들고 있는 것 같습니다. 우울증을 핑계 삼아 무언가를 하고 싶은 욕구를 덮어버리고 있지 않나 싶습니다. 뭘 해도 의미나 기쁨을 찾을 수가 없습니다. 외로움과 허무함이 밀려올 뿐입니다. 하지만 그래도 노력을 멈추어서는 안 된다는 것을 알고 있습니다. 조금 더 노력해야 할 것 같습니다.

o 예술만이 아니라 인생도 소중합니다. 어느 한 가지도 소홀히 하면 안 됩니다. 이전과는 다른 삶으로 슬픔과 정신적인 고통을 달래보세요. 동시에, 창작 활동을 통해 의미를 찾으려는 노력도 반드시 필요합니다. 어떻게 해서든 의미를 찾고 삶을 바꾸어야 합니다. 아마 당신은 할 일이 아주 많은데도 거기에 필요한 에너지가 부족하다고 느낄 것 같은데, 그 에너지를 되찾을 수 있는 사람은 자신밖에 없습니다.

많은 부분을 바꿀 필요가 있을 때, 하지만 만성적인 슬픔과 바람직하지 않은 습관, 의미 상실과 이미 굳어버린 성격 등이 그런 변화를 가로막을 때, 우리는 어디에서 시작해야 하는가? 처음에는 변화를 시도할 에너지도, 굳이 그런 변화를 시도해야 하는 이유도 찾기 어려울 때가 많다. 시작도 하기 전에 좌절해 버리는 경우는 또 얼마나 많은가. 더 많은 실패, 그 깊은 슬픔이 눈앞에 어른거릴 뿐이다. 그러니 어디서 시작해야 하는가? 우리의 의식 그 어디엔가 숨어 있는 스위치를 찾아야 한다. 그 스위치를 켜서 케케묵은 거미줄을 걷어내고 똑바로 서서 새로운 날을 열어젖혀야 한다.

23

진득하게 한 분야를 파고들지 못한다

작가 지망생

"일을 더 많이 했어야 했어. 운만 좀 좋았으면 되었을 텐데.
지금쯤 인정받을 때도 되었잖아. 더 많이 팔고 더 크게 성공을 거두었어야 해.
몰입, 자제력, 용기, 배짱, 이런 게 모두 부족했어.
좀 더 관심을 기울이고, 인맥을 쌓고, 실력을 닦고,
집중력을 발휘했으면 좋았을 텐데. 이제 완전히 낙심천만이야.
너무 사기가 떨어져서 아이디어를 내는 것도 귀찮고
동기부여도 전혀 되질 않아. 이제 끝장이야."
예술가들 중에서 이런 생각과 이런 말을 하고,
이런 느낌을 갖는 사람들이 얼마나 될까?
아마 대다수가 아닐까.

: 소극적으로 써온 글 :

나는 연극을 전공했지만 원래부터 글쓰기에 관심이 많았습니다. 고등학교 때 남들보다 좋은 성과를 거둔 유일한 분야가 글쓰기, 특히 시와 소설이었기 때문에 대학에 진학하면 영문학을 공부할 계획이었습니다. 대학교 2학년 때 연극 입문과 영화 입문 과목을 수강했습니다. 내가 정말로 관심이 있었던 문예창작 수업을 듣기 위한 선수 과목이었던 문학

입문 교수님이 별로 마음에 들지 않아서 연극을 선택한 것으로, 그 뒤로도 문예창작 수업은 한 번도 수강하지 못했습니다.

우여곡절 끝에 교육학 석사 학위를 따기는 했지만 교단에는 한 번도 서지 못하고 7년 동안 은행에서 직장 생활을 했습니다. 하지만 석사 과정을 밟는 동안 필수 과목 가운데 하나로 영문학 수업을 몇 개 들었고, 그 후에도 우리 동네의 단과대학에서 문예창작 수업을 들었습니다. 교수님은 '우리 반에서 가장 뛰어난 작가'인 다른 학생 한 명과 내가 자신의 작품에 대해 그토록 겸손한 태도를 보이는 이유가 뭔지 궁금하다고 말하곤 했습니다. 하지만 솔직히 말해서 그것은 '겸손'이 아니라 자신감이 부족했기 때문이었습니다. 뛰어난 작가들조차 지독한 어려움을 겪는다는 이야기를 워낙 많이 들었던 터라, 굳이 그런 분야에 뛰어들어 시간을 낭비할 필요가 있을까 하는 회의도 느꼈습니다.

그때부터 순전히 '취미'로 시를 몇 편 썼고 워크숍에도 참석했습니다. 물론 관심이 있었기 때문이지만, 그렇다고 해서 많은 노력을 기울이지는 않았습니다. 다른 한편으로는 열심히 시를 공부하지도 않고, 그동안 쓴 시를 적극적으로 발표하지도 않은 나 자신을 책망하는 경우가 많았습니다.(사실 지금까지 모두 일곱 편의 시를 몇몇 매체에 보냈는데, 그 중에서 아직 발표되지 않은 시는 두 편뿐입니다.)

나는 억지로 글을 쓰라고 스스로 몰아붙이지 않습니다. 그저 본능에 맡긴다고나 할까요. 지금까지 몇 단계를 거쳐 시나리오 집필에 관심을 가지게 되었는데, 그 사이에 나름대로 공부를 열심히 했습니다. 나는 이야기를 종이 위에 풀어내는 실질적인 과정으로부터 운명과 '현실'

을 구분하려고 노력했지만, 벽에 부닥칠 때마다 '굳이 애쓸 필요가 있을까'라는 단계를 넘어서지 못했습니다.(대개 5쪽 정도 쓰면 이런 현상이 나타납니다.) 그렇다고 관심 자체가 사라지는 것은 아니지만요.

: 시간을 생산적으로 쓰려 합니다 :

현재 나의 관심은 시와 시나리오뿐만 아니라 소설까지 뻗쳐 있습니다. 이른바 '트위터 소설'이라는 것을 시도하고 있는데, 140단어 분량밖에 되지 않으니 소설보다는 시에 가깝지 않나 하는 생각도 듭니다. 하나의 장면 묘사를 140단어로 제한하는 형태의 글쓰기는 상당히 흥미로운 구석이 있습니다. 시 같기도 하고, 단편소설 같기도 하고, 시나리오의 장면 하나하나를 따로 떼어놓은 것 같기도 합니다. 나이를 먹어서 그런지 회고록이나 비소설에도 관심이 가고, 지금까지의 경험을 하나로 묶는 작업도 의미가 있을 듯합니다. 최근에는 만화소설에 구미가 당겨서 나름대로 아이디어를 구상하고 있기도 합니다.

나의 가장 큰 과제(또는 극복할 것)를 정리해보면 다음과 같습니다.

1 자신감을 기른다.
2 '굳이 애쓸 필요가 있을까'라는 소극적인 마음가짐에 제동을 건다.
3 벽에 부닥치면 본능에 몸을 맡긴다.
4 벽에 부닥치면 다른 방향을 모색하면서 이미 해놓은 것들을 포기

한다.

5 지금 시점에는 현재 하고 있는 일보다는 다른 일이 더 중요하다는 식으로 스스로 발목을 잡는다.

6 멍하니 시간을 보낸다.

7 좌절감에 사로잡힌다.

8 종종 자제력을 잃는다.

9 나와 내 작품이 비판의 칼날 앞에 노출되지 않도록 보호해야 한다는 생각을 한다.

10 좀 더 생산적으로 시간을 써야 하고, 집안 정리도 해야 하고, 중요한 일도 해야 하고, 기타 등등 자신을 가혹하게 몰아붙인다.

11 하루 종일 생산적인 일을 했다는 핑계로 창작 활동을 건너뛰다 보면 결국 관성을 잃어, 계획했던 프로젝트를 포기해버린다.

최소 목표

1 하루에 한 시간, 한 주에 최소 5일 이상 글을 쓴다.

2 트위터 소설을 계속 집필한다. 멍청한 상태로 시간을 보내지만 않으면 하루 한 시간씩 3~4페이지는 쓸 수 있다. 이 소설이 어떻게 전개될지 뚜렷한 계획이 서 있는 것은 아니지만, 인물들을 따라가다 보면 자연스럽게 다음 단계로 넘어갈 수 있을 듯하다. 구조에 대한 실험도 동시에 진행하고 있는데, 출간을 시도할 수도 있지만 반드시 트위터에 발표해야 한다는 법은 없다.

3 머릿속에 한창 떠오르는 비소설의 아이디어와 개요를 꾸준히 정

리한다. 이 아이디어들을 묶어서 에세이를 한두 편 써본다. 2주 전 쓰기 시작한 에세이를 마무리하고 다음 단계를 모색한다.

궁극적인 목표

1 트위터 소설을 마무리한다.

2 한 주에 한 편씩 시를 쓴다. 산문과 달리 시를 마무리하는 데는 별다른 어려움이 없다. 때로는 좀 더 신중한 접근이 필요할 수도 있다. 두 달 후에는 어느 정도 윤곽이 잡힐 것이고, 그것을 토대로 가을과 겨울에도 작업을 이어갈 수 있을 것이다. 주제를 정해놓고 시를 쓰는 것도 괜찮을 듯하다. 지금 현재 진행하고 있지 않은 작품을 포기하지 않고도 한 작품에서 다음 작품으로 넘어가는 습관을 기르고 싶다.

3 7월이 끝나기 전에 창고를 정리하고 페인트도 칠해서 작업실로 꾸며놓으면 날씨가 추워져도 걱정할 필요가 없을 것이다.

너무 중구난방인가요? 너무 가벼운가요? 너무 욕심이 많은가요? 너무 비현실적인가요? 지금은 작업 일정이 그리 빡빡하지 않지만 8월이 되면 꼭 그렇지도 않을 테니, 부디 모든 것이 계획대로 이루어지면 좋겠습니다.

—— **가브리엘라**

o 아주 명쾌하군요. :) 나로서는 이런 제안을 드리고 싶습니다. 우선,

시나리오는 판로가 너무 제한적이기 때문에 피하는 게 좋을 듯합니다. 하지만 소설의 경우는 이야기가 다른데, 첫째는 지금도 좋은 소설을 원하는 출판사들이 있기 때문이고, 둘째는 상황이 여의치 않을 경우 자비 출판의 길이 늘 열려 있기 때문입니다. 따라서 소설 쓰기에 전념할 것을 권하고 싶은데, 단 트위터와 같은 인위적인 장치에 구속되지 않는 '진짜' 소설을 쓰는 것이 좋지 않을까 싶습니다.

좀 더 자유로워지고 싶지만 지나치게 '가벼운' 것은 원하지 않는다는 의미인 것 같은데, 그렇다면 실의와 낙담의 순간에도 관심을 잃지 않을 수 있는 일이 필요합니다. (트위터 소설에 반대되는 개념의) '진짜' 소설은 그런 필요성을 충족하는 데 부족함이 없을 겁니다. 하루 한 시간, 한 주에 5일을 쉬지 않고 매달릴 수 있는 프로젝트가 될 테니 말입니다. 어떻게 생각하세요?

내가 '트위터 소설'에 관심을 가지고 매력을 느끼는 이유는 '포맷' 때문입니다. 이런 포맷은 일종의 스토리보드처럼 간결하고 꽉 짜여 있어야 하니까요. 내가 글을 쓸 때 늘 느끼는 어려움 가운데 하나가 길게 쓰다 보면 초점을 잃어버린다는 것입니다.

지금 같아서는 일반적인 소설보다 이 '트위터 소설'이 나하고 잘 맞을 것 같습니다. 다음 이야기, 또 다음 이야기, 또 다음 이야기를 쭉 이어가면 되니까 일반 소설보다 훨씬 생동감이 넘치고 즉각적이어서요. 인위적인 장치라는 선생님 지적에는 공감하지만, 내가 편안하게 느끼는 시적인 요소가 많아서 훨씬 부담이 덜합니다. 이를테면 거대한 서사시가 소설의 형식으로 녹아든다고나 할까요.

이야기가 점점 진행될수록 나름의 방향성도 생기고 등장인물들도 힘을 얻기 시작하는 느낌입니다. 나중에는 140명의 등장인물을 좀 정리해야 하는 상황이 올 수도 있지만, 아직까지는 별 문제가 없어 보입니다. 덕분에 마음도 아주 편안하고요. 굳이 포맷을 바꾸어야 할 시점이 오면 이야기의 구조를 헝클지 않고도 정리할 수 있다는 점이 다행스럽습니다.

지금 당장의 주요 관심사는 관성을 유지한 채 머릿속의 이미지를 글로 옮기는 것입니다. 사실은 이 부분이 나의 가장 큰 약점이거든요. 140명의 등장인물을 포기하는 순간, 관성을 잃어버릴까 봐 걱정입니다. 아무튼 어느 시점에서는 정상적인 포맷으로 고쳐 쓸 필요가 생길 겁니다. 지금은 뼈대를 구축하는 과정이고, 나 자신을 계속 끌고 가는 일종의 속임수에 지나지 않으니까요.

그렇게 되면 좀 더 소설다운 구조를 갖추게 되겠지요.

- 좋습니다. 그럼 앞으로 2주 동안의 계획은 세워졌네요. 트위터 소설이 됐건 일반 소설이 됐건, 아무튼 집필을 계속하는 겁니다. 한 시간이든 두 시간이든, 형편에 따라 매일 글을 쓰는 시간을 정해놓는 것이 좋을 것 같습니다.

실행 보고서

지루함과의 싸움

처음 5일 동안은 하루에 한 시간씩 소설을 썼고, 그 다음부터는 이틀 쓰고 이틀 쉬고 또 사흘 쓰는 식으로 진행되었습니다. 트위터 형식은 진즉에 포기하고 정상적인 문장을 쓰고 있습니다. 하지만 솔직히 말해서 그 과정이 점점 더 지겨워지고 있습니다. 한편으로는 이렇게라도 끌고 나가는 나 자신이 대견하기도 하고, 꼭 필요한 경우에는 관점을 바꾸는 시도도 마다하지 않습니다.

그래도 등장인물들과 스토리가 마음에 들지 않는 것은 어쩔 수 없네요. 특히 열여섯 살짜리 흑인 여자아이를 주요 인물로 내세우는 문제는 다시 한 번 생각해봐야 할 것 같습니다. 물론 다른 인종의 젊은이를 묘사하는 것이 그렇게까지 부담스러운 것은 아니지만 말입니다.

스토리 자체는 그런대로 깔끔하다고 생각합니다. 나름의 생동감은 느껴지는데, 정작 나 자신은 13페이지로 들어서면서 열정이 식어버린 느낌입니다.(이미 써놓은 세 페이지에다, 하루에 두 페이지를 채 못 쓴 셈입니다.) 열정이 식었다고 느끼는 순간 그럴듯한 시의 영감이 떠올라, 그 영감이 사라지기 전에 이틀 동안 한 시간씩 시를 썼습니다. 말하자면 사흘 동안 소설을 쓰다가 갑자기 그 다음 이틀은 시를 쓴 셈입니다. 소설을 포기한 것 같아서 죄책감과 실망감이 밀려듭니다.

그러다 보니 만사가 귀찮아져서 지난 한 주 동안은 아무것도 쓰지 못했습니다. 대신 예전부터 꼭 쓰고 싶던 에세이를 계속 구상했는데, 이상하게 시간이 나지 않더군요. 어제도 하루 종일 글을 쓸 기회가 없었습니다. 한번 이런 식으로 꼬이기 시작하면 멈춰 선 바퀴를 다시 돌리기까지 상당한 시간이 필요합니다.

꼭 말도 안 되는 이유로 토라져서 할 일을 안 하고 버티는 세 살짜리 어린애가 되어버린 느낌입니다. 아니면 이유 없이 반항하는 사춘기 청소년 같기도 하고요. 지루함을 참지 못하고 텔레비전 채널을 이리저리 돌리다가 방에서 뛰쳐나온 형국입니다. 아무리 생각을 해봐도 별다른 대책이 떠오르지 않습니다. 생각을 하면 할수록 반발심이 커지기도 하네요.

일단 쓰던 시부터 마무리할 생각입니다. 구상하고 있는 다른 시도 있습니다. 시를 쓸 때는 한번 시작하면 거의 언제나 마무리를 짓는 편입니다. 지겹지도 않고, 비교적 빠른 시간 안에 최종 결과물이 나오니까요. 지금 상황은 대충 이 정도입니다. 오늘은 글을 쓸 시간이 없을 것 같으니, 내일 다시 시도해볼 생각입니다.

- 당신이 여기서 말하는 '지루함'이란 '의미'의 문제가 아닐까 싶습니다. 말하자면 '이런 글은 나에게나 다른 누구에게 아무런 의미도 없을 것 같아'라는 말로 번역될 수 있지 않을까요? 글쓰기라는 숙제를 '어떤 글이 진정한 의미를 가질 수 있을까'라는 문제의식으로 바라보는 것이 좋을 듯합니다. 그렇게 해서 가장 큰 의미를 띨 수 있는 주제, 원칙, 가치 등을 선택하고, 죽이 되건 밥이 되건, 설령 '지루함'이 밀려온다 해도 미리 정해둔 시간만큼 최선을 다해

집중하는 것이 어떨까요? 이것이 당신에게 권하는 나의 제안입니다.

「

전통적인 치료 요법의 목표는 통찰력이다. 실존적 치료 요법의 목표는 새로운 희망이다. 많은 예술가들은 희망을 찾아볼 수 없는 지점에 도달한다. 그런 이들에게 필요한 것이 여러 가지 있겠지만, 가장 중요한 것은 역시 새로운 희망이다. 평생 실의와 고통스러운 현실 속에서 살아온 이들이 어떻게 하면 새로운 희망을 찾을 수 있을까? 그것이 가능한 이유는 '과거는 미래를 예측하지 않고', '오늘은 남은 인생의 첫날'이기 때문이다. 미래는 다를 것이다. 그 방향성에 영향을 미치는 날이 바로 오늘이다. 그런 깨달음에 도달할 수만 있다면 희망이 돌아올 것이다.

」

24

하고 싶은 것 vs. 해야 하는 것

작가 지망생

얼굴 비추기. 밀어붙이기. 발등에 떨어진 일 처리하기.
버티기. 노력하기. 일하기. 떠나지 않기.
당신이 하지 않으면 그 일은 영원히 해결되지 않는다.
그림, 음악, 소설은 모두 빵 덩어리 혹은 마천루와 같다.
누군가 만들지 않으면 저절로 생겨나지 않는다.
이 말이 틀렸음을 입증할 방법이 있는가?
그런데도 수많은 예술가와 예술가 지망생들은
반죽도 하지 않은 밀가루가 부풀어 오르기만을 기다린다.

: 의욕 반 두려움 반 :

나는 1980년부터 1995년까지 15년 동안 정신과 간호사와 연구원으로 일한 끝에, 2년가량 집에서 아직 어린 자식들을 돌보기로 마음먹었습니다. 아이들과 함께 공원으로 소풍도 다니고, 그림도 그리고, 음악도 듣고, 책도 읽고, 디즈니 영화도 보면서 정말 행복하고 보람찬 나날을 보냈습니다.

그러다 보니 창의적인 본성을 억누르고 있다는 사실을 알아차렸지만(아마도 자기 부정이 만연한 내 조국의 문화 때문인 모양입니다), 그런 분위기에 계속 휩쓸리면 심각한 염세주의로 빠질 수도 있다는 생각에 좀 더 창의적인 활동과 구상에 몰두하기로 마음먹었습니다. 야간 대학에서 심리학을 공부하고 늦은 나이에 전업 학생이 되어 사회인류학과 민족지학을 공부하기 시작한 게 그 무렵이었습니다.

박사 과정 때 논문을 쓰고 구술시험을 통과한 뒤 불현듯 소설과 시, 단편소설 등의 영감이 봇물 터지듯 떠올랐습니다. 아이들이 모두 학교에 다니기 시작해 2005년부터 다시 보건 분야에서 일을 했지만, 2007년에 염증성 폐 질환이 발병해 직장을 그만두었습니다.

몸을 추스르며 소설을 수정하다가, 한 대학에 연구원으로 취업을 하게 되었습니다. 업무가 아주 힘들었지만 1년가량을 잘 버텨냈고, 내가 쓴 보고서도 좋은 평가를 받았습니다. 하지만 내가 하루 종일 집을 비우는 탓에 막내가 무척 힘들어했고, 나 역시 업무량을 줄이고 싶은 마음이 있었습니다.

얼마 지나지 않아 이번에는 호흡기 질환에 걸려 앓아눕게 되자, 극심한 우울증이 찾아왔습니다. 의사는 일을 그만두라고 권유했고, 6개월 동안 우울증 약을 먹으며 글을 쓰고 운동을 하고 가족과 함께 시간을 보내니 어느 정도 건강을 회복할 수 있었습니다. 그게 3년 전 일입니다. 지금은 그동안의 연구 결과에 기초를 두고 정신 건강과 관련된 논쟁들을 다룬 책을 마무리하는 중입니다. 하루빨리 이 책을 마무리하고 예전에 쓴 소설을 다시 손보고 싶어 마음이 급합니다.

나의 가장 큰 문제는 스스로 시간과 에너지를 갉아먹는 상황 속으로 자신을 몰아넣고, 그것을 핑계 삼아 창작 활동을 뒷전으로 밀어놓는다는 점입니다. 이미 문학계에 몸담은 지인들이 내 소설에 좋은 반응을 보여주었기 때문에 출판사들도 매력을 느낄 것이라고 생각합니다. 그래서 소설을 빨리 마무리해서 발표하고 싶은 마음이 굴뚝같지만, 혹시라도 이 소설이 커다란 성공을 거두거나 반대로 부정적인 평가에 직면하는 상황에 적절히 대처할 자신이 별로 없습니다.

나는 다양한 사람들과 건설적인 토론이나 논쟁을 벌이는 것이 전혀 부담스럽지 않습니다. 하지만 다른 한편으로 강연이나 강의를 하려고 청중 앞에 서면 몸이 얼어붙거나 머릿속이 하얗게 비어버리는 경험을 한 적도 있습니다. 이런 두려움 때문에 문학 행사에는 선뜻 접근할 엄두가 나지 않습니다. 마지막으로, 창작 활동에 몰두하면 동기나 관성이 꾸준히 유지되다가 프로젝트가 거의 끝날 때가 되면 갑자기 속이 울렁거리면서 마지막 순간에 정체되고 맙니다. 정말 난감한 일이 아닐 수 없습니다.

: 소설 출간을 시작으로 성공을 하고 싶어요 :

목표는 이렇습니다. 일단 학술 서적 문제는 잊어버리고 소설에 전념하고 싶습니다. 그간 생각해온 게 있으니 손질을 해서 에이전트나 출판사를 알아볼 생각입니다. 앞으로 몇 달은 소설을 붙들고 씨름해야 할 것 같고, 그러고 나면 에이전트나 출판사를 알아보는 데 또 몇 달쯤 걸릴 것 같습니다. 둘째, 학술 서적도 마케팅이 필요하기는 마찬가지지만, 여기에 대해서는 SNS와 과거의 동료들을 통해 어느 정도 토대를 마련해 두었습니다. 프레젠테이션이나 회의를 하다가 또 얼어버리지 않을까 걱정이네요. 행사 일정이 잡히면 몇 주 전부터 그 생각에 사로잡혀 다른 일은 하나도 못할 가능성이 높아 보입니다.

전체적인 목표는 성공적인 저술가가 되는 것이고, 집필 계획도 몇 가지 잡혀 있습니다. 하지만 지금 당장은 소설을 출간하는 것이 가장 큰 목표라고 할 수 있겠지요. 장기적으로는 돈을 좀 벌어서 생계에 대한 걱정을 해결하고 좀 더 창의적인 방법으로 정신 건강 문제에 주력하는 재단을 하나 만들고 싶습니다. 특히 젊은이들에게는 되도록 약물 투여를 삼가고 창의성과 기술, 독립성을 길러주는 쪽으로 도와주어야 한다는 아이버 브라운Ivor Browne 같은 사람들의 철학을 실천하는 재단을 만들었으면 좋겠습니다.

써놓고 보니 꽤나 복잡하네요. 개인적으로 성공한 사람이 되고 싶기도 하고(이 말을 하기가 왜 이렇게 부끄러운지 모르겠네요!), 나의 창의성을 더욱 계발하고 싶기도 하며, 정신적으로 어려움을 겪고 있는 사람들이 창의성을 기를 수 있도록 돕는 일도 하고 싶습니다. 너무 횡설수설한 것 같아 죄송합니다.

— 멜라니

- 우선 몇 가지 질문이 있습니다. ① 생계를 위해 글을 써야 하는 상황입니까? 아니면 글을 쓰지 않고도 먹고살 다른 수입원이 있습

니까? ② 예전에 쓰던 비소설을 마무리하는 데 걸림돌로 작용하는 것이 무엇입니까? 홍보나 마케팅과 관련된 두려움입니까, 동기부여가 되지 않기 때문입니까, 아니면 출간 전에 해결해야 할 어떤 기술적, 논리적, 조직적 문제가 있기 때문입니까? 그 책을 마무리하기 위해서 무엇이 필요한지 말해줄 수 있을까요? 그러고 나서 소설 문제로 넘어갑시다.

맞습니다. 이 책의 저자로 나서는 상황이 몹시 부담스럽네요. 내용 중에 논란이 될 만한 부분이 더러 있는데, 그저 생산적인 논쟁으로 이어지기를 바랄 뿐입니다. "두려움에 맞서 끝까지 밀어붙여라"라는 말을 떠올리며 나의 생각에 믿음을 가지기로 마음먹었습니다. 출판사가 학술 서적을 전문적으로 다루는 곳이라는 점도 마음에 걸립니다. 나는 학술회의니 뭐니 하는 것들에는 관심이 없고, 격식에 얽매이지 않는 자유로운 분위기를 선호하는 편입니다. 이런 부분에서도 내가 좀 더 개방적인 입장을 취해야 하는 것일까요?

생계 문제에 대한 선생님의 질문을 생각해보았습니다. 건강 문제 때문에 직장을 그만둔 뒤(지금은 완전히 회복되어 일과 건강, 그 밖의 책임 사이에 적절한 균형을 유지하고 있습니다) 약간의 연금을 받고 있습니다. 마지막 6개월 동안 정규직이 아니었던 데다가 아이들이 너무 어려서 중간에 그만두었기 때문에 연금 액수는 정말 얼마 되지 않습니다. 게다가 몇 년 동안 대학을 다니기도 했고요. 자영업에 종사하는 남편이 생활비를 벌기 위해 열심히 일하고 있기는 하지만, 결론적으로 말하자면 내가 글을 써서 생계를 유지해야 하는 것이 맞습니다.

다음 문제. 학술 서적 집필이 마무리 단계로 접어들어서 그런지 모든 것이 긍정적으로 보입니다. 하지만 관련 출판사에서 연락이 오고(오지 않을지도 모르지만) 연구 활동 등 번거로운 상황에 처하게 되면 어떻게 할까 하는 걱정도 떠나지 않는군요. 적어도 지금 당장은 그런 분야에서 일할 생각이 없고, 과거의 경험에 비춰볼 때 자칫 다른 일은 아무것도 하지 못하게 될 가능성이 높습니다. 그럼 책은 무엇 하러 내느냐고 반문할 수도 있겠지요. 이 책은 나의 연구 결과에 토대를 둔 것이고, 어느 에이전트에게서 꼭 출판하라는 조언을 듣기도 했습니다. 자기 저서가 있다는 건 누구도 무시하지 못할 업적이니까요. 내용 역시 상당히 중요한 의미를 담고 있다고 생각합니다. 정신 건강 분야에서 진행되고 있는 최근의 논쟁들을 다루고 있을 뿐 아니라, 좀 더 거창하게 말하면 이 분야의 발전에 조그만 디딤돌이 되고자 하는 장기적인 계획의 일부이기 때문입니다.

결론적으로 이 책은 꼭 출간될 필요가 있고, 정신 건강의 증진이라는 장기 목표에도 도움이 될 것으로 믿습니다. 하지만 이제 나의 주된 관심사는 소설 분야의 창의적인 글쓰기 쪽으로 옮겨가는 상황이고, 이 소설이 상업적으로 성공을 거두는 한편 나 자신의 지친 마음을 달래주기를 기대하는 마음 간절합니다. 이것으로 선생님의 질문에 충분한 대답이 되었으면 좋겠습니다.

o 좋습니다. 그렇다면 앞으로 2주 동안의 목표는 뚜렷이 드러난 셈

이군요. 모든 근심과 의심은 일단 제쳐놓고 책을 마무리하세요!

실행 보고서

어려움이 닥쳐도 밀어붙여라

귀한 조언 덕분에 학술 서적의 마지막 부분을 순조롭게 마무리하고 있습니다. 기대했던 것만큼 빠른 속도는 아니지만 이제 종착점이 눈에 보이기 시작했고, 매일 꾸준히 작업을 진행하고 있습니다. 이렇게 꾸준히 한 가지 작업에 매진하기도 정말 오랜만인 듯한데, 거기에는 몇 가지 이유가 있다고 생각합니다.

- 어떤 일에 몰두하면 나 자신에 대한 의구심조차도 경각심으로 작용하는 듯합니다.
- 발등에 떨어진 일을 처리하는 데 집중함으로써 온갖 부정적인 생각이나 미래에 대한 걱정들을 떨칠 수 있었습니다.
- 집중력을 발휘하면 할수록 작업은 더 쉬워지고 얽힌 매듭이 풀리는 느낌입니다. 단계를 하나씩 차근차근 밟아나가면 못할 일이 없을 것 같습니다.
- 정말 신기한 일인데, 속도를 늦추면 더 많은 일을 할 수 있습니다.
- 유난히 피곤하고 집중이 되지 않는 날도 있었습니다. 그럴 때는 집안일을 하거나 가족과 함께 화창한 날씨를 즐기고 나면 다음 날은

새로운 기분으로 높은 생산성을 발휘할 수 있었습니다.

"어려움이 닥쳐도 밀어붙여라." 우리 아버지가 자주 하시던 말씀인데, 오랫동안 한 번도 생각해보지 않은 이 말이 어느 날 갑자기 뇌리에 떠올랐습니다. 아버지는 일이 뜻대로 풀리지 않을 때마다 이렇게 중얼거리곤 했는데, 이제는 내가 수시로 이 말을 떠올리고 있네요.

이 책을 마무리하기까지 2주면 충분할 거라고 생각했는데 예상보다 늦어지고 있습니다. 마감 날짜가 7월 말이니까 한 주 정도는 더 매달려야 할 것 같습니다. 그 다음, 그러니까 두 번째 주에는 딸과 함께 휴가를 즐길 계획입니다. 하지만 벌써부터 저녁마다 틈틈이 소설 원고를 꺼내 읽으며 다음 프로젝트로 넘어갈 준비를 하고 있습니다. 예전에 써놓은 원고를 보면 고쳐야 할 부분도 상당히 많이 눈에 띄는데, 그건 지금 당장 할 일은 아닙니다.

하나의 프로젝트를 완수하기 위해서는 나 자신의 해답과 해결책을 찾아야 하겠지만, 완전히 실패한 적은 거의 없어서 한층 자신감이 생깁니다. 예를 들어 내가 쓰고 있는 책이 정말 한심한 쓰레기에 지나지 않는다는 생각이 들면 어디론가 멀리 도망쳐버리고 싶은 마음이 앞섭니다. 하지만 그럴 때도 어떻게든 그 일을 끝내는 것이 중요하다는 생각을 떠올리면 계속 밀어붙이기가 한결 수월해집니다. 또 하나 중요한 것은 어떤 돌파구를 향해 접근할수록 반발심과 마음의 동요가 심해진다는 점인데, 이것은 그때 조금만 더 힘을 내면 머지않아 그런 반발심이 증발해버린다는 의미입니다.

요즘 들어 완벽한 준비란 있을 수 없다는 말을 깨닫고 있습니다. 끊임없이 메모를 하고 초고를 쓰다 보니 그 속에 빠져 허우적거릴 때가 많지만, 이제는 그냥 컴퓨터 앞에 앉기만 하면 나머지는 저절로 알아서 진행된다는 사실을 알게 되었습니다.

또 하나 요즘 잘 써먹는 교훈 가운데 하나는 목표에 초점을 맞추기 위해 "기분보다는 의미에 집중하라"라는 것인데, 이것은 선생님의 책에 나오는 구절입니다. 받아들일 준비만 되어 있으면 아주 강력한 교훈이라고 생각합니다.

지난 2주에 대한 보고는 여기까지입니다.

o 아주 좋습니다. 많은 것을 깨우쳤고, 중요한 돌파구를 찾은 듯합니다. 이제 두 가지 주요 임무는 물론 학술 서적을 마무리하는 일과 소설로 돌아가는 일입니다. 그 두 가지는 서로 별개의 일이고, 별개의 어려움이 따를 겁니다. 우선 아무리 많은 시간이 걸리더라도 학술 서적을 마무리하는 데 초점을 맞추세요. 그 일이 깨끗이 정리되고 나면 새로운 눈으로 소설에 눈을 돌릴 수 있을 겁니다. 임무가 뚜렷하니만큼, 새로운 통찰력을 발휘해 '밀어붙이세요!'

예술가들은 자신이 하고 싶은 프로젝트와 꼭 해야 하는 프로젝트 사이에서 갈등을 느끼는 경우가 참 많다. 소설 쓰고 싶은 마음이 굴뚝같은데 계약서에는 마감 날짜가 정해진 비소설이 적혀 있다. 대작을 한 점 그리고 싶은데 생활비

를 벌려면 연하장을 그려야 한다. 멋진 공연을 만들어 무대에 올리고 싶은데 실제로는 오디션을 준비해야 한다. 그렇지 않아도 자신이 원하는 작품에 몰두하기란 쉬운 일이 아닌데, 현실에는 이런저런 장애물까지 도사리고 있다. 해답은 그 두 가지를 다 하는 것뿐이다. 다른 방법은 없다.

25

의뢰받은 작품에 밀리는 진짜 내 작품

화가

많은 예술가들은 평생에 걸쳐 역사에 남을 만한 작품,
찬사를 받고 판매로 이어지는 작품을 남기기 위해 많은 시간을 투자하지만,
정작 '진짜 작품', '최고의 작품'을 아직 내놓지 못했다는 아쉬움을 떨치지 못한다.
이것은 단순한 착각일까, 아니면 객관적인 견해일까? 아마 둘 다일 것이다.
대부분의 사람들은 훌륭한 작품을 만들어낼 잠재력을
가지고 있음에도 끝내 그 능력을 온전히 발휘하지 못하는 경우가 많다.
또한 지극히 비현실적인 완벽주의 때문에
본인의 작품을 제대로 평가하지 못하는 이들도 있다.
괴로운 일이 아닐 수 없다. 잠재력을 온전히 발휘하기란 쉬운 일이 아니다.
주어진 환경을 초월하는 것 역시 마찬가지다.

: 상업미술에서 순수미술로 :

나는 어렸을 때 혼자 지낸 시간이 무척 많았습니다. 태어날 때부터 두 발이 없어서 친구를 많이 사귀지 못했거든요. 사실 걷고, 뛰고, 자전거를 타고, 롤러스케이트나 줄넘기 등 다른 아이들이 하는 것은 다 할 수 있었으니 특별히 장애라고 할 만한 것도 아니었습니다. 그저 보기에 남들과 다르다는 이유만으로 많은 아이들은 나만 보면 도망가기에 바빴

습니다.

결국 상상력을 발휘하거나 사진으로 본 것을 그리는 일이 나의 일과가 되었습니다. 주로 잡지에서 본 사람들의 얼굴, 꽃과 나비, 동물 등을 그렸습니다. 조금이라도 예뻐 보이는 것이 있으면 닥치는 대로 그리곤 했지요. 오직 그림만이 나의 관심사였습니다. 학교에서도 선생님 말씀을 듣지 않고 그림을 그리다가 혼이 난 적이 많았습니다.

고등학교 때는 사실적인 연필 초상화를 그려 친구들에게 10달러를 받고 팔았습니다. 1961년의 일입니다. 나는 무슨 일이 있어도 미술대학에 진학하고 싶었지만, 아버지는 '안정된 직장'이 필요하다며 교양학부를 졸업하고 영어 선생님이 되라고 하셨습니다. 결국 정규 대학은 가지 못하고 상업미술을 가르치는 3년제 대학을 우수한 성적으로 졸업했습니다.

학교에서 그래픽 아트를 배운 덕분에 광고계와 출판계에서 일하며 제법 성공적인 경력을 쌓았습니다. 하지만 나는 그 일이 그렇게 싫을 수가 없었습니다. 순수미술 분야에서 제대로 된 그림을 그리고 싶었지만, 늘 마감 시간에 쫓기며 야근을 밥 먹듯 하니 자신을 돌아볼 겨를이 없었기 때문입니다. 급기야 신경쇠약 증세로 거의 1년 동안 일을 하지 못하는 지경에 이르렀습니다. 그런 곡절을 겪고 나서야 벽화와 초상화를 그리는 화가로 새로운 인생을 시작할 수 있었지요.

1991년에는 사업을 시작했지만 솔직히 사업의 '사'자도 모르는 상태였습니다. 먹고살기 위해서는 프로젝트를 따거나 기존 작품을 팔기 위해 정신없이 뛰어다녀야 했습니다. 하지만 출판계에서 일할 때와 비교하면 고정 월급은 없어도 마음은 훨씬 편하더군요.

마케팅에 대해서는 아무것도 몰랐지만 내 나름대로 그림을 그리는 법, 품평회에 작품을 출품하는 법 등을 배웠고, 많은 사람들을 만나 인맥을 형성했으며, 그중에는 초상화나 벽화를 의뢰하는 사람들도 있었습니다. 내 작품을 대량으로 사들인 수집가도 있었습니다. 하지만 그런 경험이 쌓인다고 해서 내 작품에 가격을 매기거나 가치를 평가하는 안목까지 발전하는 것은 아니더군요. 벽화 작업을 할 때는 나름대로 충분하다고 판단되는 비용을 제시했지만, 끝나고 나면 늘 시간이 너무 많이 걸리거나 조수에게 들어가는 인건비가 너무 많아서 남는 게 없는 상황이 되풀이되었습니다.

몇 년 전에는 대학으로 돌아가 한 학기 동안 삽화 과정을, 네 학기 동안 수채화 과정을 밟았습니다. 그 이후로 세 권의 책에 일러스트 작업을 했고, 수채화도 열 점 이상 판매하는 실적을 올렸습니다. 수채화는 한 점에 500달러, 유화와 초상화, 풍경화 등은 최고 5,000달러까지 받고 있습니다.

최근 2년 동안은 새로운 수채화를 그리지 못하고 있습니다. 그나마 초상화와 풍경화는 꾸준히 의뢰가 들어오고, 아직 팔리지 않은 수채화를 전시하고 있기도 합니다.

한 달 전, 금년 초에 그린 대형 풍경화를 5,000달러에 팔고 남은 돈을 긁어모아 전문가 과정 초상화 워크숍에 참여했습니다. 정식으로 유화와 초상화를 배운 것은 이때가 처음입니다. 지금까지 내가 몰랐던 어떤 비법을 배울 수 있을 거라는 믿음 때문에 결단을 내린 것이지요. 덕분에 지금은 초상화를 어떻게 그려야 하는지에 대해 더 많은 지식과 자신감을 갖게 되었습니다. 그 한 번의 워크숍을 통해 내가 어떤 화가로 거듭날 것인지에 대해서는 조금 더 지켜봐야 할 것 같습니다.

: 집중하는 시간을 늘리고 싶어요 :

고민 하나는 친구나 가족에게서 전화가 걸려올 때마다 작업의 맥이 끊기는 경우가 너무 많다는 점입니다. 빚을 갚기 위해 덜컥 프로젝트를 맡았다가, 정작 작업에 착수하면 예상보다 훨씬 많은 시간과 노력이 필요하다는 사실을 깨닫고 좌절한 적도 많습니다. 지금도 나에게 돈을 빌려주거나 전문 서비스를 제공해준 대가를 그림으로 대신 갚기로 한 거래가 세 건 밀려 있습니다. 옛날에도 돈 대신 초상화로 빚을 갚은 경우가 스무 번도 넘지만, 언젠가는 이 그림 세 점을 그려야 한다는 점이 커다란 마음의 짐으로 남아 있습니다.

마음속 깊은 곳에서는 내가 정말로 그리고 싶은 그림을 피하기 위해 이런 일을 하고 있는 것 아닌가 하는 느낌이 들지만, 확실한 이유는 나도 모릅니다. 자주 거래하는 수집가와 단골 고객이 있기는 하지만, 아직도 경제적으로 무척 힘든 상황이 이어지고 있습니다. 그림을 판 돈만으로는 생계를 이어가기가 만만치 않네요. 몇 달 동안 수입이 전혀 없을 때도 있고, 그럴 때는 다음 작품에 착수하기 위한 이미지를 떠올리기조차 쉽지 않습니다.

작품의 주제 선택에 대한 나 자신의 부정적인 생각이 발목을 잡을 때도 많습니다. 내 그림에 별다른 의미를 부여하기 어렵다거나, 내가 표현하고자 하는 주제가 그리 신선하지 않다는 생각이 자주 듭니다. 정말로 하고 싶은 일을 하지 못하도록 스스로 방해하는 이유를 모르겠습니다. 다른 분야에서는 위험을 무릅쓰고 과감한 결단을 내릴 줄 아는데, 왜 평생토록 품어온 꿈을 마주할 때는 이렇게 두려운 마음부터 앞서는 것일까요?

얼마 전에 ADHD[주의력 결핍 과잉 행동 장애-옮긴이] 진단을 받았습니다. 우리 가족 가운데 이런 증세를 보이는 사람들이 많기는 하지만, 나도 그렇다는 생각은 한 번도 해보지 못했습니다. 진단을 받고 보니 진득하게 책을 보지 못하거나 비정상적으로 변덕이 심한 이유를 알겠더군요. 하루가 끝날 시간이면 실제로 꽤 많은 일을 한 날조차 아무것도 하지 못했다는 자괴감에 사로잡히는 경우가 많습니다. 작품을 처음 시작하는 것은 좋지만, 그 이후에 며칠, 혹은 몇 주씩 방치해두는 경우도 많습니다.

그림을 그리다가 온갖 잡념이 사라지고 시간마저 멈춰버린 느낌이 들면 내 몸은 물론 배고픔이나 목마름조차 의식하지 못하는 상태로 접어듭니다. 작품을 하나 끝내면 나 자신이 그렇게 대견할 수가 없지요.

최소 목표는 이렇습니다. 크게 무리하지 않고도 지킬 수 있는 시간표를 만들어 실천에 옮기고, 진행 상황을 점검하고 싶습니다. 정해놓은 시간 외에는 전화를 받거나 텔레비전을 보거나 전자우편을 확인하지 않을 생각입니다. 내 작품의 인쇄본을 팔거나, 개인 교습을 하거나,

시간이 많이 걸리지 않는 수채화를 그리는 등의 부업을 찾아볼까 합니다. 내 시간과 에너지를 모조리 투자하지 않고도 고정적인 수입이 생기면 경제적으로 한결 숨통이 트일 테니까요.

최고 목표는 이렇습니다. 내가 가장 그리고 싶은 그림이 어떤 것인지 찾아내어 그것으로 나의 정체성을 삼고 싶습니다. 특정한 이미지를 화폭에 옮기고, 가능하다면 연작 형태로 화랑에 전시해 기성 작가로 대접받을 수 있으면 좋겠습니다.(꿈이 너무 야무진가요?)

—— **클레어**

- 우선 큰 목표부터 생각해보기로 합시다. :) 말로 표현하기는 쉽지 않겠지만, 당신이 정말로 그리고 싶은 그림에 대해서 설명해줄 수 있겠습니까? 당신도 어떤 그림을 그리고 싶은지 알아내고 싶다고 했는데, 어떻게 하면 알아낼 수 있을까요? 그러기 위해서 어떤 과정이 필요하다고 생각하십니까?

지금 작업하고 있는 연작이 몇 가지 있습니다. 하나는 어린 시절의 이미지를 되살린 작품인데요, 나 자신과 나를 보살펴주시던 부모님이 주인공입니다. 한 점은 이미 완성했고 또 한 점은 막 시작했습니다. 모두 대여섯 점 될 것 같습니다. 현대 미술의 기법으로 나의 과거를 돌아본 작품이라 할 수 있겠지요. 흑백 캔버스에 조그만 가죽 장화를 신고 서 있는 다섯 살 시절의 내가 등장합니다. 캔버스에는 1960년대에 유행하던 '플라잉 에이스'라는 롤러스케이트를 매달았습니다. 제목은 〈나의 첫 스케이트〉입니다. 이 그림은 로스앤젤레스와 볼티모어 등지의 세 군데 화랑에서 전시된 바 있습니다.

이 시리즈를 다른 장애인들의 이미지로 확장해볼 계획을 세웠었는데, 아직은 다섯 점밖에 그리지 못했습니다. 그 가운데 두 점은 화랑에서 전시를 했고, 다른 두 점은 내가 의도한 대로 그려지지 않았습니다. 주제가 워낙 민감한 탓에, 장애인이 직접 포즈를 취하도록 설득하기가 쉽지 않습니다. 공공 미술관이 아닌, 보다 특수한 장소에 전시하는 것이 좋을지 아직 확신이 서지 않습니다.

두 번째 시리즈는 내가 아는 사람들, 그중에서도 어떤 이유로든 꼭 그려보고 싶은 사람들을 소재로 한 것입니다. 사진은 이미 많이 모아 놓았습니다. 내가 아는 사람들의 개인적인 이야기를 화폭에 옮긴다는 생각에 몰두해 있을 때, 우연히 어느 미술관에서 제롬 위트킨Jerome Witkin의 초상화 두 점을 발견했습니다. 묘사가 어찌나 생생하던지, 마치 내가 아는 사람들처럼 느껴져서 큰 충격을 받았습니다. 정말 강렬한 그림이더군요.

그의 다른 작품들도 선과 구도, 내용에 이르기까지 엄청난 힘이 담겨 있어 무척 인상적이었습니다. 이런 이미지를 사전에 미리 설명하기란 불가능했을 듯합니다. 실제로 각 인물을 그리는 동안 화가에게 떠오른 영감이 크게 작용했을 테니까 말입니다. 그럼에도 나는 그 인물들이 그림을 감상하는 사람에게 직접 말을 거는 느낌을 받았습니다.

내가 제일 좋아하는 소재가 바로 사람입니다. 다양한 사람들, 그들의 스타일과 생활 방식은 늘 나를 매료시킵니다. 더 많은 사람을 만날수록 그들을 그리고 싶은 욕구도 커집니다. 사람들과 대화를 나누다 보면 나도 모르게 그들의 특징, 그들의 얼굴에 드러난 빛과 그림자를 관찰하고 있더군요. 내가 그림을 그릴 수 있도록 내 앞에서 포즈를 취해준 사람들의 사진을 많이 가지고 있습니다. 주로 사진을 보고 그리는 경우가 많지만, 그들의 삶 그 자체에서 우러나는 모습을 포착하는 것이 그들의 빛과 에너지를 탐구하는 진정한 방법이라고 생각합니다. 그렇다고 '아우라'니 '영혼'이니 하는 표현까지 동원하고 싶지는 않습니다. 사람의 영혼을 그린 화가는 한 번도 본 적이 없으니까요.

내가 가장 사랑하는 것을 알아내는 방법은 무엇일까요? 곰곰이 생각을 해보니 내가 아는 사람들의 초상화를 그리는 일에 그 해답이 담겨 있을 듯합니다. 어쩌면 그 속에서 열정을 찾아내야 하는 것인지도 모르겠습니다. 의뢰를 받아서 그림을 그리다 보면 내가 점점 고갈되어가는 느낌에 사로잡히곤 합니다. 형편이 허락한다면, 이제 그런 그림은 그만 그리고 싶습니다. 이것이 또 하나의 목표입니다. :)

- 앞으로 2주 동안의 계획을 되도록 간단하게 세워보는 것이 어떨까요? 현재 당신이 가장 큰 열정을 느끼는 작품을 하나 골라보세요. 열정을 고스란히 간직한 채, 그 그림을 상대로 사랑에 빠진 사람의 입장이 되어봅시다. :) 그것을 2주 동안의 목표로 삼으면 어떨까요?

실행 보고서

마음 다스리기

예상한 일이기는 하지만 2주라는 시간이 순식간에 지나가버리고 문득 달력을 보니 오늘이 선생님께 2주 보고를 보내야 하는 날임을 말해줍니다. 인물 연작을 그린다는 목표는 대략 이렇게 진행되고 있습니다.

아침에 일어나면 나름의 의식을 치릅니다. 15분 동안 명상을 하며 감사해야 할 일들을 하나하나 떠올려보는 것이지요. 지난 열흘 동안 하루도 빼먹지 않고 이런 의식을 되풀이했습니다. 나로서는 평생 처음 해보는 경험입니다. 그렇게 하고 나면 에너지가 솟고 긍정적인 마음으로 하루를 시작할 수 있습니다. 이런 집착조차 버릇이 되어가는 느낌입니다. 명상이 끝나면 그날 하루에 할 일들의 목록을 만들어보고 싶은데…… 아직 이것은 실행에 옮기지 못했습니다.

그 다음에는 어떤 그림부터 그릴지를 정리합니다. 당장 생각나는 구체적인 작품이 다섯 점밖에 없어서 굳이 목록까지 만들 필요가 있을까 싶지만, 머릿속에 돌아다니는 막연한 구상은 그보다 훨씬 많습니다.

커다란 캔버스(60"×75") 한 장을 합판 벽에 붙여놓았습니다. 잘 펴서 스테이플로 고정하고, 젯소를 칠하고, 사포질을 하고, 한 번 더 젯소를 칠했습니다. 매일 이 캔버스를 바라보며 무엇으로 이 공간을 채울지 머릿속으로 그려봅니다. 큰 캔버스를 좋아하기 때문에 일단 큰 것부터 붙였습니다. 하지만 이 캔버스를 쳐다볼 때마다 떠오르는 그림이 달라지는 통에 아직 시작을 하지 못했습니다.

내 나름대로의 이유 때문에 오래전부터 그리고 싶던 초상화를 한 점 완성했습니다. 그나마 나로서는 커다란 성과가 아닐 수 없지요. 생활비가 급해서 의뢰를 받았던 그림 한 점도 거의 완성 단계입니다. 하지만 염두에 두고 있었던 작품 의뢰가 몇 건 있었는데 아직 계약이 성사되지 않았고, 그렇다고 무작정 다른 그림을 그릴 수도 없어 경제적으로 무척 힘든 상황입니다. 이런 지경에 처하면 당장 생계를 꾸려가고 고양이 밥을 사야 하는 현실을 제쳐두고 예술에 전념할 열의가 생기지 않습니다. 이럴 때 작품 의뢰가 들어오면 당장 돈이 급하다는 생각 때문에 모든 에너지를 그 그림에 쏟아 붓게 됩니다. 이런 생각이 아주 비생산적이라는 사실은 나도 알지만, 어쩔 수가 없습니다.

마지막으로, 요즘 들어 정서적으로도 굉장히 힘든 나날을 보내고 있습니다. 한 달쯤 전에 극심한 우울증이 엄습했는데, 마지막으로 비슷한 경험을 했던 1990년으로 되돌아간 느낌이 들 정도입니다. 그때도 몇 달 동안 사람 구실을 못했지요. 이번에는 그나마 견디기 힘든 혼란과 고통 속에서도 어떻게든 하루하루를 버티고 있습니다.

매일같이 이 위기를 벗어나기 위해 나름대로 안간힘을 다하는 중입니다. 그것만으로도 힘에 벅차지만, 그림은 다른 누구도 가로막을 수 없는 나만의 타고난 재능이라는 생각으로 버티고 있습니다. 언제나 내 편이 되어주는 친구들과 가족의 존재를 생각하면 얼마나 다행스러운지 모릅니다. 그들의 도움이 아니었다면 오늘의 나도 없었을 테니까요.

대충 이 정도입니다. 글이 길어지기는 했지만 아직도 매일 해야 할 일을 잊지 않고 있습니다.

o 우울증에 빠졌다는 소식을 들으니 정말 안타깝네요. 돈 문제와 생계 문제도 중요하지만, 마음을 다스리는 일 역시 절대 소홀히 하면 안 됩니다. 지금까지 당신이 얼마나 잘해왔는지를 돌아보는 것만으로도 도움이 되지 않을까요.

앞으로 3주 동안도 최선을 다해 마음을 다스리고 경제적인 문제를 해결하기 위해 노력하는 한편, 빈 캔버스 하나 혹은 두 개를 붙잡고 씨름하는 일도 게을리하지 마시기 바랍니다. 빈 캔버스, 그리고 마음의 눈에 비친 작품은 당연히 '완벽한' 그림일 테지만, 그림에서 '완벽'이란 있을 수 없다는 현실을 외면하면 안 됩니다. 그러니 좀 더 '현실적인' 마음가짐으로 그 빈 캔버스를 채워가기를 당부합니다!

좀처럼 손에 잡히지 않는 창작물이 우리를 사로잡는 이유는 그 무엇도 그 작품의 아름다움과 가치와 만족도를 우리 기대치만큼 충족해주지 못하기 때문이 아닐까? 현실과 꿈의 괴리는 끊임없이 우리를 슬프게 하고 우리의 몸을 마비시키지 않는가? 텅 빈 캔버스 앞에서 완벽한 작품을 상상하지만 현실의 붓끝은 결코 그런 완벽함을 허락하지 않으니, 많은 화가들이 이런 문제로 고뇌를 거듭한다. 우리는 우리의 그림과 글과 음악이 기적을 만들어내기를 꿈꾼다. 하지만 그것은 우리의 발길을 좀처럼 용납하지 않는 영역임을 알아야 한다.

창작하는 사람들을 위한 고민 해결 프로젝트
나는 예술가로 살기로 했다

1판 1쇄 펴낸 날 2015년 8월 28일
1판 3쇄 펴낸 날 2017년 4월 7일

지은이 | 에릭 메이젤
옮긴이 | 안종설

펴낸이 | 박경란
펴낸곳 | 심플라이프
등 록 | 제2011-000219호(2011년 8월 8일)
전 화 | 031-941-3887
팩 스 | 031-941-3667
이메일 | simplebooks@daum.net
블로그 | http://simplebooks.blog.me

ISBN 979-11-951549-9-9 03190

• 책값은 뒤표지에 있습니다. 잘못된 책은 구입하신 곳에서 바꾸어 드립니다.

• 이 도서의 국립중앙도서관 출판시도서목록(CIP)은 서지정보유통지원시스템 홈페이지(http://seoji.nl.go.kr)와 국가자료공동목록시스템(http://www.nl.go.kr/kolisnet)에서 이용하실 수 있습니다.(CIP제어번호: 2015020706)